新しい保育講座 ③

子ども理解と援助

髙嶋景子・砂上史子 編著

ミネルヴァ書房

「新しい保育講座」シリーズ刊行にあたって

　1989（平成元）年の幼稚園教育要領の改訂に合わせて刊行された「保育講座」シリーズは，何回かの改訂を行いながらも，約30年の月日が過ぎようとしています。このように長く続いた理由として，「保育講座」シリーズでは，発刊当初から，子どもや保育のことをほとんど知らない学生や一般の人にも，できるだけわかりやすく，しかも保育の本質がイメージできるような編集方針を貫いてきたからともいえます。それは，作家・井上ひさしの言葉にあるように「むずかしいことをやさしく，やさしいことをふかく，ふかいことをおもしろく，おもしろいことをまじめに，まじめなことをゆかいに，そしてゆかいなことはあくまでゆかいに」保育を語ろうということでもありました。

　この度，2017（平成29）年3月に幼稚園教育要領や保育所保育指針，幼保連携型認定こども園教育・保育要領が改訂（定）されたのを機に，この「保育講座」シリーズも新たに内容を見直すことになりました。改訂（定）そのものは，1989（平成元）年に大きく改訂された幼稚園教育要領の方向に沿ったもので，その原理，原則が大きく変わったわけではありません。

　ただ，この30年の間に，保育，教育，そして子育てを取り巻く環境や状況は大きく変わりました。少子化が進み，家庭・地域の教育力が低下していく中で，国際的な乳幼児期への関心の高まりもあって，日本でも新たに幼保連携型認定こども園制度ができ，幼児教育の無償化も進むなど，幼稚園，保育所，認定こども園といった施設の種類にかかわらず，乳幼児期の保育・教育の重要性は飛躍的に高まってきています。

　また小学校以上の学習指導要領も大きく改訂され，「アクティブ・ラーニング」という言葉に代表されるように，これまでの知識や技能を教える教育から，これからの時代を生きぬくことができる資質・能力を育成する教育へと大きく方向を変えようとしています。

　このような時代に，保育者を志す学生が乳幼児期の教育・保育の基本について，何をどのように学ぶかはとても重要です。やみくもに知識の量を増やしていくという学び方ではなく，問いをもって自ら課題に取り組み，保育や幼児教育の基本を常に問い直し，保育者になった時に，その実践の場で生かせるような力をいかに獲得していくか，その学びが，「新しい保育講座」シリーズを通して獲得していけると信じています。このシリーズの本を手にしたすべての学生が，子どもたちのための保育を実現できる保育者になってくれることを切に願っています。

2018年3月

子どもと保育総合研究所代表　森上史朗
ゆうゆうのもり幼保園園長　渡邉英則

はじめに

　本書を手にとってくださっているみなさんは，おそらく，何らかの形で子どもや保育に興味をもって，子どもの発達や保育の営みについて，さまざまな授業や実習を通して学んでいる過程にある方が多いことと思います。そして，その出発点には，おそらく，「子どもが好き」という純粋な思いや，「子どもたちの育つ過程に携わりたい」という希望，また，「子どもはどのように育っていくのか」「そのために保育者はどのように関わればいいのだろうか」というように子どもや保育に対する興味・関心が存在していたのではないでしょうか。そのような相手に対する純粋な関心や思いは，子どもと関わっていくうえで，私たちを支えてくれる大切な基盤でもあります。しかし，これまで，子どもや保育についてさまざまな学びを積み重ねるなかでは，単に，子どもが好きというような「自分の思い」だけでは成り立たない保育の難しさや奥深さを実感する機会も少なからずあったのではないでしょうか。

　保育というのは，「子どもを理解する」ことから始まるとよく言われます。一人一人の子どもを支え，その子にとって豊かな育ちにつながるような経験を保障していくためには，まず，それぞれの子どもの思いや育ちを丁寧に捉え，その内実を理解し，そのうえで，そこで求められる援助のあり方を考えていくことが必要になります。しかし，そのように「子どもを理解する」ことの大切さはわかるけれども，では，実際に，保育の実践の場で子どもたちとの関わりのなかに身を置いた時，「何を」「どのように」理解していけばいいのかという点について悩み，戸惑うことも多いことと思います。

　「子どもを理解する」ということがどのようなことを意味し，子どもが見せてくれている姿や行為，育ちを読み取り，その表現してくれているものを理解するためには，どのような視点から，何を捉えていく必要があるのか。また，それらの「理解」が，保育者の子どもへの「援助」にどのように関係してくるのか。さらには，理解を深めていくために有効な手立てとして，どのようなこと（記録や周囲との連携の取り方など）が必要とされるのか等々，保育者の専門性の根幹となる「子どもを理解する視点やまなざし」を深め，より確かな「理解にもとづいた援助」ができるようになっていくために必要な手がかりを，さまざまな観点から得られるようにという主旨にもとづいて本書は編集されました。

　子どもと出会い，その子どもの世界と真摯に向き合いながら，少しずつ子どもの行為の意味やそのおもしろさが見えてくると，改めてその姿が「愛おしく」見えてくる

ことと思います。「子どもが好き」という原点の思いを失わず，そのうえで，それぞれの子どもにとって求められる援助を探り続けていくための一助に本書を活用していただければと願っています。

2019年2月

髙嶋景子

も く じ

はじめに

第Ⅰ部　子ども理解の意義と原理

第1章　保育における「子ども理解」とは

1. 保育の始まりとしての「子ども理解」 …………………………………… 5
   ①保育の一場面から　5　　②個々の子どもの「思い」への気づき　6
   ③「理解」から生まれる多様な「援助」　7
2. 子どもを見る「まなざし」 ………………………………………………… 10
   ①子どもを見る「目」　10　　②私たちの「まなざし」を規定するもの　11
3. 子どもの行為の「意味」を探る …………………………………………… 14
   ①子どもにとっての「意味」を問うこと　14　　②子どもの視座に立つことで見えてくる「意味」　15　　③個別的・共感的に見ていく「まなざし」　16
   ④状況や関係のなかでの「意味」を捉える「まなざし」　17
4. 「子ども理解」を深めるために求められるもの ………………………… 18

第2章　子どもを取り巻く環境の理解
　　　　　――発達と学習の視点から

1. さまざまな環境が子どもの発達と学習を取り巻いている ……………… 23
2. さまざまな環境を発達と学習の視点から捉えるために①
   　　――エリクソンの理論 ………………………………………………… 27
3. さまざまな環境を発達と学習の視点から捉えるために②
   　　――エンゲストロームの理論 ………………………………………… 29
4. 挑戦の土台にある意欲――意欲に火をつける環境 ……………………… 31
5. 持ち味に出番を ……………………………………………………………… 32

第3章　子ども理解における発達的観点

- 1 大人が変わると子どもが変わるという発見 …………………… 41
- 2 「まなざし」の背後にある私たちの発達観 …………………… 44
- 3 発達心理学者ピアジェの発達理論の教育への影響 …………… 44
- 4 「○歳になるのに○○ができない」と考えるクセ …………… 47
- 5 「個人能力還元説」を超えた「関係論的発達観」での捉え直し … 48
  - ①新入園児が固定した子ども同士の関係性を変えていく　49　　②保育者同士が共に考える園内研修　49
- 6 保育（子ども理解）がおもしろくなることと発達観の変容 …… 51

第4章　子ども理解における保育者の姿勢とカウンセリングマインド

- 1 子ども理解における保育者の姿勢 ……………………………… 57
  - ①子ども理解の重要性　57　　②子ども理解と保育者の姿勢　57
- 2 子ども理解における保育者の姿勢の実際 ……………………… 58
  - ①温かい関係を育てる　59　　②子どもの立場に立ち，その内面を理解する　60　　③共に学び合い，長い目で見る　61
- 3 カウンセリングマインドにもとづく子ども理解 ……………… 63
  - ①カウンセリングマインドとは何か　63　　②共感的理解　63
- 4 子ども理解を深め続けるために ………………………………… 67

第Ⅱ部　子ども理解と援助の方法

第5章　保育における観察と記録の実際

- 1 保育における観察とは …………………………………………… 75
- 2 保育の場で子どもを「見る」とは ……………………………… 77
  - ①子どもを共感的に見る　77　　②子どもと関わりながら子どもを見る　78　　③子どもを取り巻く関係を見る　80

もくじ

3 保育における記録とは……………………………………………81
①なぜ記録をとる必要があるのか　82　②保育記録には何をどのように書けばよいのか　84　③保育記録の具体的な書き方とは　86　④記録をもとに保育を共有する　90

第6章　記録にもとづく保育カンファレンス

1 「保育カンファレンス」とは……………………………………………95
2 よりよい保育者になるために……………………………………………95
①よりよい保育を行いたいという思い　96　②保育の難しさを知る　96
3 保育カンファレンスを行うための素材……………………………………97
①文字記録をもとに語り合う　97　②写真をもとに語り合う　98
③ビデオ映像をもとに語り合う　98　④その他の資料　99　⑤外部講師等の参加　99
4 保育カンファレンスの実際と参加者の感想………………………………100
①記録を詳細に検討することで見えてくる　100　②遊び理解と援助について振り返る　101　③何気ない日常の保育について語る・聞く場と時間　102　④ここまでやってもいいの？　103　⑤話し合うなかで出てくる本音　105　⑥保育カンファレンスから実践へ　106　⑦参加者の感想――アンケートや意見交換から　107
5 保育カンファレンスを実施する際の留意点………………………………109
①「どうすべきか」より「本当は何が起きているか」を問う　109
②「子ども」を楽しむことから　110　③多様な考え，価値が交差すること　110　④共感的に受け止めながら　110

第7章　保育における個と集団の関係の理解と援助

1 個と集団の育ちの過程……………………………………………115
①自分の世界の充実　115　②自分の世界と友達との世界　116　③みんなとの世界へ　117　④自然と「集団になっていく」過程を見守る　117
2 個と集団の育ちを支える保育者の葛藤……………………………………118
①周りの子どもも見ているという状況　119　②つながる距離感をつかんでいく　120　③出来事をみんなで共有する　122　④子ども同士の衝突が育む個と集団の育ち　124

3 個と集団の育ちを保障する保育デザイン……………………………125
　①「みんな同じ」からの脱却を　125　　②生活のなかに散らばる"つながり"　126

第8章　一人一人の子どもの特別なニーズの理解と援助

1 特別なニーズのある子どもとの出会い……………………………133
　①特別なニーズのある子どもとは　133　　②"その子"と出会うということ　134

2 子どものニーズの理解と支援……………………………135
　①子どもの困っていることは何か　135　　②ニーズの理解と支援の実際　136

3 特別なニーズのある子どもに寄り添う保育……………………………139
　①インクルーシブ保育とは　139　　②一緒を楽しむ保育　140　　③一人一人の良さを活かす保育　141　　④支え合い育ち合う保育　142

4 ニーズを理解し，みんなで支える……………………………143
　①園全体で支える　143　　②専門機関と共に支える　144　　③保護者と共に支える　145

第9章　保護者理解と援助の基本

1 保育における「保護者理解」とは……………………………151
　①子育てにおける保護者の心情を深く理解する　151　　②日常の何気ない保護者との関わりを通して，丁寧に信頼関係を育む　152　　③保護者の自己決定を尊重する　154

2 保育の専門性を活かした子育て支援……………………………156
　①園の機能や専門性を活かした子育て支援　156　　②地域の関係機関等との連携・協働　157

3 園を利用している保護者に対する子育て支援……………………………158
　①保護者との緊密な連携を図る　158　　②連絡帳を通した子育て支援　158　　③保育を可視化し，保護者へ伝える　162

4 地域の子育て支援の実際……………………………164
　①地域子育て支援の意義と役割　164　　②地域子育て支援の実際　166

第10章 「子ども理解」を深めるための保育共同体

1 子どもを協働的に見ることの意義……………………………………171
　①多様な関係や状況のなかで生み出される保育　171　　②保育者の共感的まなざしを支える周囲のまなざし　172　　③協働的に見ることから拡がる子どもへの理解　173

2 子どものことを「語り合う」関係の構造を探る………………………175
　①「語り合う」ことの意義　175　　②「語り合う」ことが苦しくなる時　176
　③発見や学びを生み出す「語り合い」の構造とは？　177

3 それぞれの子ども理解を深める対話的関係の構築に向けて……181
　①「一見仲良し」の抱える閉鎖的関係の危険性　181　　②対話的関係にもとづく「保育共同体」の構築に向けて　182

各章扉写真提供：かえで幼稚園・港北幼稚園・ひかりの子幼稚園
ゆうゆうのもり幼保園

第Ⅰ部

子ども理解の意義と原理

第1章
保育における「子ども理解」とは

Aちゃんと先生が一緒に蜘蛛の巣を見上げています。二人はどんな会話をしているでしょうか？

最近，毎日のように泣きながら登園してくるAちゃん。この日も，しばらく泣いた後，ふと何かに気づき，吸い寄せられるかのように上の方を見上げ始めました。その視線の先には大きな蜘蛛の巣が……。Aちゃんの視線に気づいた先生が，そっとAちゃんに寄り添い，一緒に蜘蛛の巣を見上げながら，Aちゃんと言葉を交わしています。「クモさんのお家が光っているね」「クモさんのお父さんとお母さんはどこにいるんだろう？」。Aちゃんは，いつの間にか夢中で蜘蛛の巣を見つめています。もしかすると，お家が恋しくなった自分とクモとを重ね合わせていたのかもしれません。先生は，そんなAちゃんの心細さにそっと寄り添いながら，一緒に蜘蛛の世界に思いを巡らせてくれています。
　こんなふうに保育者と子どもが共に同じものに目を向け，心を通わせているとき，そこでどのような会話が生まれているかは，その時々に異なります。しかし，そこでは，きっと保育者は，子どもの視線や小さなつぶやきを手掛かりに，その子の見ている先を共に見ていることでしょう。そんなふうに，子どもの見ている先を共に見て，その子の「こころもち」に寄り添う保育者の「まなざし」は，子ども自身の存在や育ちを支えるためにかけがえのない大切な意味をもっています。
　ここでは，子どもの見ている世界を共に見て，子どもの側からその「意味」を探る，保育者の子どもを理解する「まなざし」の意味や意義について学んでいきましょう。

1 保育の始まりとしての「子ども理解」

❶ 保育の一場面から

次のエピソードは，筆者のゼミで学んでいた学生のAさんが，ある園へボランティアに通い始めたばかりの頃の経験を語ってくれたものです。このような時，あなたならどうするか一緒に考えてみてください。

Episode 1 「片付けようよ」「まだいいの！」

おやつの時間が近づき，何人かの保育者が園庭で遊んでいる子どもたちを誘って片付けを始めました。保育室のなかでも，子どもたちがそれぞれに遊んでいたものを片付け始めています。

でも，私と一緒におうちごっこをして遊んでいたサキとアヤノはまだ遊び続けています。「もうお片付けだから，そろそろおしまいにしよう」と言葉をかけましたが，サキはそれには答えず，アヤノとお買い物に行く相談を始めました。早く片付けなくてはと思い，「ねえ，サキちゃん，アヤノちゃん，もうみんな片付けているよ。サキちゃんたちも片付けて，おやつ食べてからまた遊ぼうよ」と重ねて言うと，サキから「まだいいの！」と強い口調で抱まれてしまいました。

保育の日常のなかでも時折見られる一場面ですから，実習などで同じような経験をした人も少なくないかもしれません。

実際，このエピソードを一緒に聞いていたゼミの学生の多くは，自分も実習で同じような経験をして困ってしまったと共感を込めた反応を示しました。そんな時どうしたのかを尋ねてみると，みんな口々に，「誰が一番早く片付けられるかとか，誰が一番多くごみを拾えるかというように，競争の要素を取り入れることで楽しく片付けられるように誘ってみた」「片付けている子どもをほめて，やる気が出るようにしてみた」「担任の先生がいつも片付けの時に弾いている曲をピアノで弾いて，この曲が終わるまでに片付けるというような目安がつきやすいようにしてみた」などなど，それぞれに考えながら，関わりを工夫してみた経験を語ってくれました。

❷ 個々の子どもの「思い」への気づき

　このエピソードを語ってくれたAさんも，それまでの実習経験のなかで，自分なりに工夫し成功したことのあるやり方を試みてみたそうですが，この時はなかなかうまくいかなかったようです。しかし，Aさんは続けてこんなことを報告してくれました。

　「でも，その日の保育後にサキちゃんの担任のK先生と話していた時，この時のことに触れ，困ってしまいましたという話をしたら，K先生から『片付けって何で必要なんだろうね？　子どもたちにとっては片付けってどんな意味があると思う？』って聞かれたんです。それまで自分は遊んだ後は片付けるのが当たり前だと思っていたので，改めてなぜそれが必要なのかと聞かれると困ってしまって……。」

　Aさんは，K保育者の問いかけをきっかけに，初めて自分がそれまで当たり前のように子どもに要求していた「片付ける」という行為が，子どもたちにとってはどのような意味があったのか，この時のこの子どもたちはなぜ片付けようとしなかったのか，子どもの側から考え直してみたそうです。

　K保育者によれば，実は，サキは日頃から活発でハキハキしている分，少し気が強いところもあり，言葉や語調も強めで，強引に遊びを進めてしまう一面があるため，周囲の子どもたちもサキを敬遠してしまい，一緒に遊ぼうとする子が少なくなってきていた時期だったそうです。そんななか，穏やかで物静かなアヤノは，いつもサキと一緒に行動し，サキと遊びを共にしてくれる唯一の友達でした。しかし，1週間ほど前にサキが風邪で数日お休みし，その間，隣のクラスのエリやトモミたちと一緒に遊んだアヤノは，サキが登園できるようになってからも，エリたちとの遊びが続いていて，サキが誘っても応じてくれないことが続いていたようなのです。ただ，この日は，久しぶりにアヤノがサキの誘いに応じて，一緒におままごとを楽しむことができ，そのなかではサキが，（これまでは見られなかったそうですが）アヤノを気遣い，アヤノのごっこのイメージを汲みとりながら，遊ぼうとする姿も見られていたとのことでした。

　そう考えると，サキにとっては，この日のアヤノとのおままごとは，久しぶりに友達と共に遊べるうれしさを味わうことができたか

けがえのない時間だったのかもしれません。その遊びの場を「片付ける」ということは、サキにとっては、ひょっとしたら、この日再びつながりかけたアヤノとの「絆」が切れてしまうような不安を感じさせるものだったのではないでしょうか。

　そんなサキの思いを察したK保育者は、片付けようとしないサキたちに対して、すぐに声をかけようとはせず、他の場所の片付けを子どもたちと一緒に進め、それらの片付けが終了する頃にサキとアヤノに対して「せっかくつくった素敵なおうちを片付けちゃうのはもったいないから、おやつ食べたらまた遊べるようにとっておこうか」と提案したそうです。サキたちはその提案を受け、「でかけています。はいらないでね」と書いた看板をつくると、すぐにおままごとコーナーから出て、手を洗いに行きました。Aさんは、最初K保育者の対応を見た時には、「片付けさせなくていいのかな」と疑問を感じたようですが、保育後にサキたちの話を聞いて、「自分はサキちゃんたちにただ『片付ける』という行動をさせることしか考えていなかった。2人がなぜ片付けようとしないのか、その思いにまで目が向いていなかったことに気づきました」と自分の関わりを振り返っていました。

❸「理解」から生まれる多様な「援助」

　❶の冒頭で他の学生たちからあげられたさまざまな対応も、そのどれもが、「片付け」をさせるための「手段（方法）」を考えてくれているものでした。それは一方で、多くの学生が、「片付け」はしなくてはいけないものという前提に立って、そのために、どう片付けさせるかという「方法」を考えようとしていることが伝わってきます。

　もちろん、使ったものをその都度「片付ける」ということは、子どもたちが育つ過程において学んでいかなくてはならない大切なことですし、集団生活をしていくうえでは、守らなくてはならない生活や活動の流れも存在します。保育のなかでは、そうした「片付ける」という行為を通して、次の活動に向けた見通しをもって気持ちや活動に区切りをつけられるようになることや、自分の身の回りを清潔・整然と保つことの心地よさを知り、それを自ら保てるようになる生活習慣を身につけることなど、さまざまな育ちが期待されて

います。そのように考えると，子どもたちに自ら「片付け」ができるよう園生活のなかで求め，促していくことは大切なことであり，必要な指導であると考えられます。しかし，だからといって常に片付けるという行為を一方的に求めていくことだけが優先されるべき援助なのでしょうか。

　Episode 1のK保育者は，この日のサキとアヤノの関わりは，サキにとって，単に遊びを楽しんでいるだけでなく，その関わりを通して，他者と共にいられる喜びや心地よさに改めて気づき，さらには，他者と共に何かをしていくために自分の思いの出し方を調整したり，他者への配慮や思いやりを表現できるようになっていくための大切な経験につながっていくであろうと考えていました。そして，その関わりがもう少しだけ持続するように，その日は，その場を「片付ける」のではなく，あえて，そのまま「とっておく」ことを選択したのです。

　何気ないひとつの場面における子どもたちの行動も，なぜ，そうした行動をとるのかをその子どもの側から探り，その場面における経験がその子にとってどのような「意味」をもっているのかを考えると，その時その子にとって必要な経験やそのために求められる援助のあり方は決して一様ではなく，また一義的に「こうするべき」「これが正解」と決められるようなものではないことに気づきます。一見，同じ行動に見えるものであっても，なぜそうするのかには，それぞれの子どもによって異なる多様な理由が存在しており，その理由によって，そこで求められる援助というのは変わってくるのではないでしょうか。

　たとえば，同じように「片付けをしない」子どものなかには，筆者が出会ったEpisode 2のユウキのような姿もありました。

Episode 2　片付けの時にいなくなるユウキ

　ユウキは片付けの頃になると，いつもスーッと保育室からいなくなってしまいます。担任のC先生はそんなユウキが気になっていて，さりげなくユウキを片付けに誘ったり，片付けてほしい場所やモノを具体的に示すようにしていました。ユウキはその時は素直に片付けに参加するのですが，少しすると保育室から出て行ってしまいます。そして片付け終わった部屋でお弁当や帰りの会が始まると，みんながもう席に着き終わった頃に戻ってくるのです。

ユウキは，この年の夏に家族の転勤に伴い，他県の幼稚園から転園してきた男児でした。そのため，転園してきた当初は，ユウキがクラスになじめるか担任のＣ保育者も心配していたのですが，ユウキは最初から物怖じせず，おもしろそうな遊びを見つけると自分から積極的に関わっていく元気な姿を見せてくれていたため，Ｃ保育者も安心していました。しかし，その一方で，今度は片付けになるといなくなってしまうユウキの姿が次第に目立つようになってきました。

　それがきっかけとなり，ユウキの様子をよく見てみると，ユウキは園庭やホール，保育室などあちらこちらを歩き回り，目に入ったおもしろそうな遊びに飛びつくようにして関わっていくのですが，そこでじっくりと遊び込むというようなことはあまりなく，関わる場所や相手は常に変わっていて，誰かと何か（イメージやルールなど）を共有しながらじっくり遊び込むという様子は見られないことに気づきました。

　一見，元気よく遊びまわっているように見えたユウキの姿は，実は，自分を受け止めてくれる特定の仲良しの存在や，落ち着いて自分を出して遊び込める遊びが見つかっていないために，ひとつの場所に居続けられず（居場所がなく），次々と場所や相手をめまぐるしく変えていっている姿だったのです。そんな彼にとって，片付けの後にみんなで集まる時間というのは，クラスの子どもたちの大半が，仲良しの友達やその日一緒に遊んだ相手と「一緒に座ろう」と誘い合ったり，約束を交わしているそばで，隣に座る相手がいない寂しさを感じさせられる瞬間だったのかもしれません。そして，みんなが着席した頃に戻って来るのも，一緒に座る相手がいない自分を目立たせないように人目を避けたり，最後に余っているところへ自動的に座ればいい状態をつくり出すためのユウキなりの「方略」だったのではないでしょうか。

　そんなユウキの抱えている葛藤に気づいたＣ保育者は，それまでのように，片付けの時間になってから「片付けよう」「片付けて」とユウキを誘う前に，その前の遊びの時間を大切にユウキとじっくり過ごすことから始めました。ユウキが興味をもった遊びをじっくり繰り返し試せたり，それを誰かと共有できたりするようユウキの遊びに自ら参加しながら援助していったのです。そうしたＣ保育者の援助を通して，ユウキは次第にクラスの他児との関わりを深め，

自分の好きな遊びを選んでじっくりと遊び込むような姿も見られるようになりました。それとともに，その日一日遊び込んだ場を一緒に遊んでいた友達と片付けようとする姿や，その相手と一緒に席に着く様子が見られるようになっていったのです。

このように「片付け」という何気なく見える保育の一場面も，一人一人の子どもがそこで経験していることや，そこでその子が抱えている「思い」は異なります。それぞれの子どもにとって必要な援助のあり方を幅広く探りながら見出していくためには，まずは，それぞれの子どもを丁寧に見つめ，それぞれの場面や出来事が，その子にとってどのようなものであり，そこで見られる子どもの行為がその子のどのような内面を表現しているものなのか，またそれがその子の育ちのなかでどのような意味をもつものなのかなどを，一人一人の子どもの側から捉え理解していくことが必要であり，それこそが保育の出発点となるのではないでしょうか。

2 子どもを見る「まなざし」

❶ 子どもを見る「目」

子どもを理解していこうとする時，私たちは，どのようなことに留意し，どのように子どもを見ていくことが求められるのでしょうか。

私たちの「目」の表情を表現する言葉には，「目つき」と「まなざし」という2通りの表現があります。森上は，「目つき」とは「いやな目つき」「いじわるな目つき」といった使われ方に代表されるように，その対象のあらさがしをしたり，子どものしていることを大人の目で見て無意味なものとして決めつけて見るような「冷たい」見方を指す表現であると指摘します。その一方で，「まなざし」は「温かいまなざし」といった使われ方に代表されるように，子どもの立場に立った目で受容的に子どもを見守る際の表現であるとしています。

こうした見る側の見方の違いは，子どもの姿にも大きな影響を及

➡1 森上史朗「子どもへの共感とは」森上史朗ほか（監修）『子どもを見る目』フレーベル館，1998年，pp. 50-58。

ぼします。子どもたちは大人がどのような視線を自分に向けているかをとても敏感に感じ取っています。たとえば、低年齢の子どもたちや何かしら不安感を抱えている状況にある子どもは、大人の肯定的な「まなざし」を感じることで、「見てくれている」という安心感や、励ましの視線を感じ、安心して自分のありのままを出しながら活動に没頭していくことができるようになっていきます。一方で、傍らにいる大人が否定的な視線で自分の行為を見ている時には、子どもはその視線を敏感に感じ取り、緊張を強いられたり、規制されることになり、結果的には、大人の顔色を敏感に読み取りつつ、それに沿った行動をとろうとしたり、「これやっていい？」「これでいい？」としきりと同意や承認を求めようとする子どもの姿にもつながります。

　子どもが安心して、自らの好奇心をもとに活動に没入したり、自分なりに試行錯誤を繰り返しながら、世界と関わっていくおもしろさを知り、自己発揮していけるようになっていく背後には、それを支える傍らの大人の「まなざし」が存在していると考えられます。そのため子どもたちの傍らにいる者は、子どもをどう見ているかという自分の見方そのものが、子どもたちの行動を規定していることを常に自覚しておく必要があるのではないでしょうか。

❷ 私たちの「まなざし」を規定するもの

　では、そもそもなぜ、こうした見方の違いが生まれてくるのかを下記の Episode 3 を通して考えてみましょう。

Episode 3　いつも一緒に……

　同じクラスのナツキとマキはいつも一緒に遊んでいます。何をするにも2人一緒に行動し、お弁当や帰りの会なども必ず隣同士に座り、片時も離れることはありません。クラスで絵を描く時なども、隣同士に座って、お互いの絵を見ながら描くので、同じような絵が出来上がりますが、2人はにっこり笑ってうれしそうです。

　このようなナツキとマキの姿をあなたはどう考えますか。また、できれば周囲の人と話し合って、それぞれにどのような見方があったか意見を出し合ってみてください。

ナツキとマキの姿を「仲の良い微笑ましい姿」と感じる人もいれば,「もう少し他児との関わりをもてるといいのではないか」と疑問を感じた人もいたかもしれません。同じような場面や子どもの姿を見ても,その感じ方や捉え方が違ってくるのはなぜでしょうか。

それは,ナツキやマキの年齢や発達の過程,またその時の2人の関係の深まりの度合いなどによっても異なってくると思われますが,それと同時に,そこには,あなたが「子ども」について,また「子どもの育ち」について,どのような考え方をもっていて,何を大切にしたいと考えているかというあなた自身の価値観が大きく反映されていると考えられます。

たとえば,もし,あなたが,子どもたちは仲の良い友達ができることで,子ども同士の信頼関係が生まれ,そこから自分の行動を拡げていくことができるため,このような親密な関わりも今後の人間関係の基盤となる大切なものであると考えていれば,Episode 3のナツキたちの姿を受容的,肯定的に見守っていくことができるでしょう。しかし,もし,あなたが,子どもはより多くの子どもたちと関われるようになることが望ましく,早く誰とでも仲良く遊べることが大切であると考えているとすれば,ナツキたちの関係に何らかの疑問や課題を感じるかもしれません。

保育とは,子どもの「育ち」を願って行われる営みであり,私たちは子どもと関わる際に,「こうなってほしい」という「願い」を常にもちながら関わっています。その「願い」と現実の子どもの姿との間にそれほど大きなズレがない場合は,子どもたちの姿を肯定的に見たり,共感していきやすいものですが,その「願い」と目の前の子どもの姿との間に大きなズレが生じている時には(そして,なぜそのような姿が出てくるのかが見えにくい時には),その現実のありのままの姿を「受け入れる」ことに難しさを感じてしまうことも出てきます。

鯨岡は,保育には,子どもに対して,一個の主体として,自分を出しながら意欲的に世界と関わっていくような育ちを願いつつ,一方で,社会の一員として,ルールを守りながら,他者と共にものごとに取り組んだり,自己を抑制することができるような育ちも同時に願うという,一見相反する両義的な側面があることを指摘しています。そして,そうした両義的な目標をもつがゆえに,保育者の対応も,「受け入れ・認める」働きと「教え・導く」働きという両義

→2 人それぞれがもっている「子ども」や「子どもの育ち」に関するものの見方や考え方を「子ども観」「発達観」と呼びますが,そのような発達の捉え方,考え方と子ども理解との関連については,本シリーズ(新しい保育講座)第1巻の『保育原理』(三谷大紀「第2章 保育の基盤としての子ども観」)において詳しく説明されていますので,そちらも参考にしてみてください。

> 3 鯨岡峻・鯨岡和子『保育を支える発達心理学——関係発達保育論入門』ミネルヴァ書房，2001年。
> 鯨岡峻『〈育てられる者〉から〈育てる者〉へ——関係発達の視点から』NHK出版，2002年。

性の間で，複雑な揺らぎを抱え込まざるを得ないと言います。

　こうした両義性の間で生じる揺らぎのなかで，目の前の子どもに，その時，どのような「願い」をもって関わっていくかは，その人が何を大切にしたいと考えているかという価値観によっても異なってきます。価値観自体は人それぞれであり，正解・不正解というものはないと思いますが，しかし，常に，その「願い」が，本当に目の前の子どもの姿に即したものであるかどうかについてを，子どもの側から問い直していこうとする姿勢も欠かすことができない大切なものであると考えられます。

　どんなに高尚な「願い」であっても，その「願い」が「こうあるべきもの」として固定化してしまい，自分の価値観から「正しい（とされる）こと」を「指導する（教え・導く）」対象として子どもを見なしてしまう場合には，知らず知らずのうちに，目の前の子どもの姿について，どこに「問題」が存在し，どこを指導・矯正していくべきかを探そうとするまなざし（すなわち「目つき」）になってしまうと考えられます。そこでは，子どもは常に一方向的に「評価」される存在であり，その人自身の価値観は揺るがされることなく，すでに出来上がった「枠組み」から子どもを評価していく見方になってしまうのではないでしょうか。

　しかし時として，そうした自分の「枠組み」を一旦外して，子どもの側から，その子の見ているものを共に見てみることによって，その子どもの側からは世界がどう見えているのかが垣間見えてきたり，その行為を通して表現されている子どもの思いや内面が見えてくることがあります。「願い」をもちつつも，その「願い」を固定化したものとして押しつけるのではなく，それぞれの子どもに寄り添って，その子の視点や立場に立って，その子の置かれている状況を理解しようとする「まなざし」を通して，子どもにとって必要な経験を探り，必要に応じて「願い」を再構成していくことのできる柔軟さが保育者には求められているのです。

3 子どもの行為の「意味」を探る

❶ 子どもにとっての「意味」を問うこと

　一人一人の子どもにとって，その時々に必要な経験について考え，そこで求められる援助を探っていくためには，その子どもが，その時感じていることや，そこで抱えている葛藤など，その子の「内的世界」を読み取っていく必要があります。

　そうした子どもの「内的世界」を理解していくための「手がかり」には，たとえば，子どもの心理や発達についての一般的な「知識」や，その子どもについての家庭環境や生育歴のような「情報」などがあります。それらは，私たちの理解を助ける大切な「手がかり」のひとつとなってくれますが，しかし，同時に，それはあくまでも，個々の子どもへの理解を深めていく際の参考資料のひとつにすぎないということも覚えておかなくてはなりません。既存の「知識」や「情報」に頼りすぎてしまい，それが「先入観」となってしまう時には，逆に，個々の子どもへの理解が妨げられることにもなりかねません。目の前の一人一人の子どもを理解しようとする時，やはりその理解の基盤となるのは，ほかでもない，目の前のその子どもが見せてくれている「姿」であり，その言動や表情，しぐさなどを通して表現してくれているものを探っていくことが必要になるのです。

　子どもたちの姿や行為は，常に，その子どもの内的世界を背負って現れているものであり，何気なく見える行為の背後にも，必ず，その子どもにとっての行為の「意味」が存在しています。では，表面に現れているその子の姿や行為から，その「意味」を問い，読み解いていくことはどのようにして可能になっていくのでしょうか。

❷ 子どもの視座に立つことで見えてくる「意味」

> **Episode 4**　ケイタの嚙みつきの「意味」
>
> 　1歳児クラスのケイタは，クラスのなかでは月齢も高く，いつも真っ先におもしろそうな遊びを見つけて遊び始めます。他児たちの目にも，そんなケイタの遊びは魅力的に映るらしく，ケイタが何かを始めると興味をもってそばに行く子どもたちや，真似をしようとする子どもたちが出てきます。しかし，次第に，そうした他児たちとケイタとの間でトラブルが生じるようになってきました。特に，ケイタが自分のそばで遊び始めた子どもを嚙んでしまうということが2度，3度と続くようになったのです。何かきっかけ（使っていた物や場所を取られたり，嫌なことをされたなど）があるようにも見えず，突然そばにいる相手を嚙んでしまうことが続いたため，保育者たちにも理由がわからず，また，それを止めようとしても間に合わずに相手の子が嚙まれてしまうことが続き，重苦しい日々が続きました。保育者は，ケイタが相手を嚙んでしまうたびに，その嚙まれた相手が泣いている様子や赤く腫れてしまった嚙み痕をケイタに見せながら，嚙んではいけないことを一生懸命伝えるのですが，ケイタの嚙みつきは止まりません。

　ケイタの「嚙む」という行為が繰り返されている時，担当保育者は，その「嚙む」という行為には，ケイタなりに何か理由があるのだろうからそれを理解したいという思いをもって，一生懸命ケイタに関わっていました。しかし，注意深くケイタの様子を見ていても，他児を嚙もうとする瞬間に何か特定のきっかけがあるようにも見えず，文字通り「突然」嚙んでしまうため，なかなか理由がわかりません。そして，気がつくと，ケイタが他児を嚙まないように，ケイタの行動をひたすら「監視」し，危ない場面になりそうな時には，他児との関わりに身体ごと割って入るということを繰り返しながら，ケイタに嚙んではいけないということをひたすら伝えるという関わりになってしまっていたのです。

　しかし，その一方で，ケイタの担当保育者は，その悩みを園内の保育者たちに打ち明け，ケイタについて同僚と連日語り合い，なぜケイタが嚙んでしまうのかを考えてきました。そして，その語り合いを通して，ケイタから見たら，自分の遊びに関わってくる他児たちの存在が必ずしもうれしい存在ではないのではないかという意見が出てきたのです。確かに，その頃のクラスでは，ケイタが何かおもしろそうなことを始めると多くの子どもたちが興味を

もって寄ってくるため，そこで混乱が起きたり，場が騒がしくなってしまい，ケイタの遊びが中断してしまったり，ケイタが自ら違う場所に移動してしまったりなど，せっかく自分が発見した遊びを，じっくり楽しむことのできない状況が続いていました。そんな場面が重なるうちに，ケイタにとっては，そばに来る子どもたちが自分の邪魔をするような存在に感じられてしまっていたのではないだろうかということに，担任保育者は気づいたのです。そこから，担任保育者はケイタがじっくり遊び込めるように，子どもたちの遊び空間を工夫したり，ケイタが他児を噛もうとした時にも，噛んではいけないことを伝えつつも，「ケイタくんがこれをやっていたんだよね」「○○ちゃんに来られていやだったのかな。でも○○ちゃんもケイタくんと一緒にやりたかったんじゃないかな」とケイタの思いを探り，共感しながら，相手の思いを伝えていくようにしていきました。

❸ 個別的・共感的に見ていく「まなざし」

　Episode 4のように何らかの「問題行動」を見せる子どもの姿を前にした時，私たちは，何とかその「問題行動」の原因や理由を探ろうとしますが，それがなかなかわかりにくいものである場合，たとえば「○○くんは攻撃的な性格だから」とか，「家庭環境に問題があるからではないか」というように，つい，その子ども自身の特性や家庭環境などに原因を求めてしまいたくなります。そして，その原因を何かに特定し，それを解決するための技術的な方法を探ろうとする傾向があるのではないでしょうか。「乱暴な子」「落ち着きがない子」あるいは「家庭的に問題がある子」というように，何らかのわかりやすいカテゴリーに当てはめ，「あの子は○○だから，このような行動をとるのだ」と捉え，その子の行動を理解できたような気になってしまう傾向は，実は私たちの誰もが知らず知らずのうちにもってしまっているものかもしれません。しかし，それは，ともすると，そうして子どもの側にレッテルを貼り「わかったつもり」になることによって，それ以上のその子への理解を放棄してしまうことにもつながってしまうのではないでしょうか。津守は，そうした先入観や既存の概念から子どもを見てしまう見方を「概念的理解」と呼び，そうした理解の仕方が目の前の子どもに対する本質

的な理解を妨げてしまう危険性があることを指摘しています。

たとえば，Episode 4におけるケイタの「嚙みつく」という行為も，自分の遊びを思うように遊び込めない状況やそれを邪魔する他者への苛立ちを，ケイタなりに表現していたものだったのかもしれません。しかし，そうした行為も，もし「攻撃的な性格だから」とか「家庭で満たされていないから」というようなレッテルを貼ってしまっていたら，彼の行為をそうした枠からのみ見てしまい，それ以外の可能性を探ろうとしなくなってしまっていたのではないでしょうか。そうした見方は，その行為を通して，その子が表現してくれているものの「意味」を見落としてしまうことにもなりかねません。

先入観をまったく排して物事を見るということは不可能なことかもしれませんが，自分のなかにある先入観や固定観念が，時として，物事を理解する際の妨げになる危険性があるものであることを知っておくことは，必要ではないでしょうか。それが，子どもの姿を見る時に，安易に決めつけることを避け，一歩立ち止まって，その子の姿や行為が表現してくれていることを謙虚に探ったり，その「意味」を，その都度，その子の立場に立って問い直し，個別的・共感的に探っていこうとする姿勢につながっていくのだと思います。

▶4 津守真『子どもの世界をどうみるか──行為とその意味』NHK出版，1987年。

❹ 状況や関係のなかでの「意味」を捉える「まなざし」

子どもの行為の「意味」を個別的・共感的に捉えるということは，ただ単に，その子の行為を好意的・肯定的に見ればいいということでもありません。たとえば，ある子どもがいつも三輪車に乗っているからといって，「○○くんは三輪車が大好きなのね」と微笑ましく捉えることが，その子どもを共感的に理解したことにはならないのではないでしょうか。

もちろん，その子が三輪車に乗って風を切ることの心地よさやスピード感を純粋に楽しんでいる場合もあるでしょうが，それ以外にも，さまざまな可能性が考えられます。たとえば，もしかしたら，その子は，他の子どもたちに仲間に入れてもらえず，ひとりでいる自分を目立たせないために，「とりあえず」三輪車に乗っているのかもしれません。あるいは，自分の関わりたい相手や遊びにアプローチしていくためのひとつの「道具」として三輪車に乗っている

のかもしれません。「いつも三輪車に乗っている」という行為が，その時のその子どもにとって，どのような「意味」をもっているのか，これはその時のその子どもとその子どもを取り巻く周囲の人やモノ，場との関係がどのようになっているか，その状況や関係を読み解いていくことで，初めて見えてくるものであると考えられます。そうでなければ，ただ表面的な行動から「○○が好き」とレッテルを貼ってしまうという点では，いかに好意的・肯定的に見ていたとしても，それは「概念的理解」になってしまうのではないでしょうか。

　子どもにとっての「意味」を探るためには，ただ，その子どもだけを注視して，その子どもに目を向けるだけでなく，その子が取り巻かれている周囲の関係や状況に目を向け，それらの周囲の人やモノや出来事とのどのような関わりのなかで，その姿や行為が生み出されているのかを見ていく視点が必要になります。子どもの行為の「意味」を理解するためには，その「子ども」を見るだけではなく，その子どもの置かれている「状況」を，その子の立場から見ていく「まなざし」が必要なのです。▶5

▶5　このように，人の行為の原因を，そのものに内在する構造や特性で説明するのではなく，その「外側」の人，モノ，出来事などとの「関係の網目」のなかから探り出そうとする見方を「関係論的視点」と呼びます。こうした見方の重要性と意義については，本書第3章を参照してください。また，下記の文献も参考になります。
佐伯胖『幼児教育へのいざない――円熟した保育者になるために（増補改訂版）』東京大学出版会，2014年。
佐伯胖ほか（編）『心理学と教育実践の間で（新装版）』東京大学出版会，2013年。

4　「子ども理解」を深めるために求められるもの

　これまで述べてきたような，一人一人の子どもの育ちを支えていくために，それぞれの子どもに寄り添いながら子どもの姿や行為の「意味」を読み解いていけるような，深い子ども理解に根ざした「まなざし」を獲得していくためには，常に自らの実践を振り返り，そこで見られた子どもの姿や行為を丁寧に捉え直し，そこでの自分の関わりの意味を問い直す「省察」が必要となります。

　その時々の子どもの思い，その子の経験していることの意味を，子どもの見せてくれた姿から問い直していく営みは，その子どもの立場に立ち，それまでの自分の捉え方や理解していたと思っていた見方と自分のなかで改めて対峙し，「対話」していくプロセスであると考えられます。そうした子どもの姿や行為との「対話」を積み重ねていくことによって，初めて自分の子どもを見る「まなざし」や保育の幅を広げていくことができるのではないでしょうか。

また，そのためには，自らの見方を自分で振り返る自分自身との「対話」だけではなく，多様な他者と実際に「対話」し，その他者の視点や見方に触れながら，自分の見方を問い直していくことも非常に重要です。たとえば，同僚の保育者や，保育の場とは異なる子どもの姿に日々接している保護者の見方，さらには，保育とは異なる専門性や視点をもった多様な専門家（心理や障害の専門家）などとの「対話」を通して，自分の枠組みや「まなざし」を，より幅広い視点から改めて検討したり，修正していくことによって，自分の子どもを見る「まなざし」を広げ，深めていくことが可能になります。こうした多様な他者との「対話」を通して，自らの子ども理解を深めていく過程については，またこの後の各章で詳しく触れていきますが，どのような場合においても，保育者として，常に，子どもや他者に対して柔軟で謙虚な姿勢をもち続けていくことが求められているのだと思われます。

Book Guide

- 佐伯胖『幼児教育へのいざない——円熟した保育者になるために（増補改訂版）』東京大学出版会，2014年。
「保育」という営みのもっているおもしろさと奥深さについて感じさせられる本です。自分の「まなざし」が子どもにとってどのような意味をもっているのかを考えさせられます。
- 津守真『保育者の地平——私的体験から普遍に向けて』ミネルヴァ書房，1997年。
ある養護学校（現：特別支援学校）における保育の実践のなかで著者が出会った子どもたちの姿やその子どもとの関わりを通して，一見何気なく見える子どもの行為がもっている深い意味と，そこに関わる保育者という存在の意味について深く考えさせてくれる本です。
- 西隆太朗『子どもと出会う保育学——思想と実践の融合をめざして』ミネルヴァ書房，2018年。
ひとりの人間として子どもと出会い，子どもと共に育っていくための保育者のあり方や，省察の深まりの過程について，倉橋惣三や津守真らの思想を丁寧に読み解きつつ，多様な子どもの具体の姿に即して考察している本です。子どもと出会う自分自身の「まなざし」やあり方について考えさせられます。

Exercise

1. 幼稚園や保育所におけるインターンシップや実習等の経験を振り返り，数人のグループに分かれて，各自，自分のもっとも印象に残っている出来事や関わり，出会った子どものことについて，ひとつの場面を取り上げ発表してみましょう。そして，その場面における子どもの行為ややりとり，またその周囲の状況などについて，もう一度丁寧に思い起こせるよう，グループのなかでより詳しく質問し合い，相手の記憶を引き出す手助けをしてみましょう。そのうえで，その事例をもう一度みんなで振り返り，その当時は気づかなかった子どもの行為に隠されたその子の気持ちや，自分の関わりがその子にとってもっていた「意味」について考え直してみましょう。
2. さまざまな保育に関する実践のビデオ記録を観て，その場面における子どもの行為に焦点を当て，その行為の背後にある子どもにとっての「意味」について，グループディスカッションをしてみましょう。

第 2 章

子どもを取り巻く環境の理解
―発達と学習の視点から―

ある日の園外保育。Bくんの大好きな電車に乗って街に出ました。Bくんは，ずっと窓にはりついて電車の窓から見える景色に目を輝かせています。大きなビルやさまざまな施設の一つ一つに，「大きい！」「あれは何？」と興味津々です。こうした経験が子どもたちにとってもつ意味とは何でしょうか？

私たちの生活は，常に，さまざまな社会とのつながりのなかで構成されています。私たちが，普段，どのようなことに関心をもったり，どのようなことにやりがいを感じたり，そこでどのように自分の力を発揮できるか，そうしたことは，実は，私たちを取り巻く周囲の人やモノ，あるいは，社会との関係に影響を受けていて，そうした周囲との関係のなかで生み出されています。
　同様に，子どもたちの経験や学びも，その子が家庭や園での生活のなかで，どのような環境に身を置き，どのような人との関わりがあるかによって，さまざまに異なってきます。たとえば，園のなかだけでなく，実際に街に出て，さまざまな乗り物に乗ったり，さまざまな施設に出掛け，その営みを見たり聞いたりする体験があれば，子どもたちの興味や関心はぐっと拡がるでしょうし，さらに探究したいことが生まれてくるかもしれません。一方，そういう機会がまったくなく，限定された狭い環境に身を置いたままの場合は，子どもたちの遊びや活動も単調になってしまう可能性もあります。もし一見，「遊べていない」と見える子どもの姿があったとしたら，それは子ども自身の問題というよりも，その子を取り巻く周囲の環境との関係のなかで考えていく必要があるのではないでしょうか。
　子どもたちの豊かな育ちを支えていくためにも，子どもたちの身を置く周囲の環境との関係のなかで，子どもの姿や育ちを捉えていく視点について本章で学んでいきたいと思います。

第 2 章　子どもを取り巻く環境の理解

さまざまな環境が子どもの発達と学習を取り巻いている

　この章では，子どもを取り巻く環境を理解するための感覚（センス）を身につけます。子どもを取り巻く環境として，家庭環境，きょうだい環境などはすぐに思い浮かぶでしょうが，それらだけが子どもを取り巻く環境ではありません。日々の生活のなかで，さまざまな環境が子どもを取り巻いています。この章では，アタマを柔らかくして，それらの環境が，子どもの発達や学習に及ぼす影響を考えてみます。

　保育や教育の授業では，「保育場面」を見たり，「授業場面」を見たりして，授業を進めることが多いです。この章では，一見，発達や学習とは無関係に見える素材を見て，たとえば，道を歩く歩行者を見て，その横を通り過ぎる自動車を見て，発達や学習の視点から何が言えるか，ということを考えます。

　では，早速 Work 1 をやってみましょう。

Work 1

　まずは次のページにある 5 つの写真を見てください。
　歩行者が横断歩道を渡っています（写真 2 - 1）。そこにクルマが近づいてきます（写真 2 - 2）。クルマが横断歩道に差しかかってきます（写真 2 - 3）。クルマが横断歩道を横切ります（写真 2 - 4）。クルマは，横断歩道を過ぎ去っていきます（写真 2 - 5）。

(1) この 5 つの写真は，ストックホルムのある道路の写真です。横断歩道をクルマが横切る場面です。日本の一般的な道路と比べて，どこが違うと思いますか？　写真 2 - 6 もヒントに，違いを見つけてください。
(2) 「(1)」で見つけた違いは，子どもの「学び」「育ち」「教育」「発達」のうえで，どのような重要性をもちますか？　考えてみてください。正解はありません。自由に考えてください。

第Ⅰ部　子ども理解の意義と原理

写真2-1　横断歩道を歩く歩行者

写真2-2　横断歩道に近づくクルマ

写真2-3　横断歩道に差しかかるクルマ

写真2-4　横断歩道を横切るクルマ

写真2-5　横断歩道を過ぎ去るクルマ

写真2-6　横断歩道の拡大写真

　日本の道路との違いをうまく見つけられましたか？　うまく違いが見つからないかもしれません。
　実際に，私の授業で出てきた答案を次に示します。うまく違いが見つからない時は，先に，この答案を読んだ後，あらためて，Work 1 -(2)をやってみてください。

【Work 1 −(1)の答案】
　写真の道路と，日本の一般的な道路の違いは，「歩道と車道が交わる時，歩道が車道に下りるのではなく，車道が歩道に上がってくるところ」にある。
　日本の道でも，歩道は，車道に比べて少し高くつくられている。しかし，歩道と車道が交わる時，日本では，歩道が車道の高さに下りていく。
　写真の道路では，歩道と車道が交わる時，車道が歩道の高さに上がってくる。
　そこに違いがある。

　では，このような道路の違いは，子どもの「学び」「育ち」「教育」「発達」のうえでどのような重要性をもつのでしょうか。引き続き，同じ学生の答案から考えてみましょう。

【Work 1 −(2)の答案】その1
① 写真の道路と日本の道路を比べてみます。写真の道路では，歩道が道路上のコブとなっているので，クルマは横断歩道の前で，必ずスピードを緩めます。そのままのスピードで横断歩道に突っ込むと，コブのところでクルマも乗っている人も衝撃を受けるからです。なので，スピードを緩めます。
　こうして，歩行者が安全に歩ける道路が実現します。もちろん，歩行者のなかには子どもも含まれています。子どもがクルマを気にせず，街を歩くことができる。この道路は，そのような環境をもたらします。
　また，写真の道路では，歩道が車道に下りることがないので，バギーの人や，車いすの人は，段差を気にすることなく，横断歩道を渡ることができます。
② 写真の道路は保護者にとって，外でバギーを押しやすく，子どもを育てやすい環境であると言えます。またバギーを使う機会が増えるということはクルマを使う機会が減るので，（たぶん）車の事故が減り，子どもが成長してからも，外に出しやすい環境だと言えます。また子どもにとっても外に出て遊びやすい環境です。
③ 以上のことから保護者が外に出やすくなることにより，保護者同士のつながりが増え，それが子どものつながりにも影響し

　　　　ます。また，外での新たな経験を親子間で話したり，一緒に出
　　　　かけることで，子どもとの関わり方の幅も広がります（家だけ
　　　　だと閉鎖的になりがち）。
　　　　　子どもにとっては，外に出やすい環境であることで家や屋内
　　　　だけではない新たな環境で遊べたり，自然，生き物，気候と
　　　　いった多くのことに触れたり，友達をつくりやすい環境になり
　　　　ます。
　　④　「学び」「育ち」という視点から見て，写真の道路は，2つの
　　　　重要性をもつと思います。
　　　　　親子間の関わり方の幅が拡がることで，親が子どもに接する
　　　　際の，心の余裕が生まれます。子どもに対して，がみがみ口う
　　　　るさく注意することが少なくなり，子どもを受け止めることが
　　　　できるようになります。これが写真の道路がもつ「育ち」のう
　　　　えでの重要性の1つ目です。
　　　　　子どもが多くのことに触れることで，興味・関心の幅が拡が
　　　　ります。また，友達をつくりやすい環境になるので，友達と一
　　　　緒に，多くの自然や生き物に触れることができます。そうする
　　　　と，友達と興味・関心を共有したり，一緒に挑戦したりするこ
　　　　とが増えてきます。これが写真の道路がもつ「育ち」のうえで
　　　　の重要性の2つ目です。

　読みごたえのあるおもしろい答案です。考え方がおもしろいだけ
でなく，この学生の書き方は参考になります。
　①では，写真の道路と日本の道路との「違い」を，子どもの視点，
保護者の視点から，「1-(1)」以上に見つけています。
　②では，「①」の「違い」が，子どもに及ぼす影響，保護者に及
ぼす影響を考えています。
　③では，「②」をふまえて，「①」の違いが，子ども同士の関わり，
子どもと保護者の関わり，保護者同士の関わり，それぞれに及ぼす
影響を考えています。
　④では，「③」で論じた「関わりの違い」が，子どもの発達に
とって，どのような意味をもつのかを考えています。

　以上の点から，次の答案も読んでみてください。1つ目の答案に
比べるとシンプルですが，「一見，発達や学習と無関係に見える素
材を発達や学習の視点から見る」ことは十分できています。

> 【Work 1 –(2)の答案】その 2
> ① 日本の道路は車用の信号，歩行者用の信号，横断歩道がある。その横断歩道を渡るには車道に人が下がっていかなければならない。反対に，写真の道路には信号がなく，車道が歩道に上がるようになっている。なので，バギーを押しやすい。
> ② 日本と写真の道路は整備が違い，この街では歩行者とドライバーとがお互いの判断で交通していかなければならなくなり，交通安全教育の仕方も変わってくる。この街のドライバーは「道路は歩行者のもの」と意識しているので，子どもたちや高齢者など車に乗らない人たちも快適に過ごすことができる。また，バギーの道が整備されていることから，バギーを使う母親たちも気軽に外出できるようになっている。
> ③ 外出することが増えれば，子どもと母親だけでなく近所の子ども同士や母親同士などの関わりがどんどんと増えていく。さまざまな人々と交流し，多様なつながりができていく。
> ④ このように，日本と比べると写真の街は道路の違いから，人の関わりの違いまで出るようになる。日本ではクルマが走っていて遊ぶことができなくなったところも多いが，この街では子どもたちが外で多くの交流をもつことができている。子どもは遊びのなかからコミュニケーション能力や社会のルール，協調性などを学んでいく。このなかには一人で遊んでいるだけでは身につきづらいものもあるが，多くの人々と交流が増えているこの街では，これらのことを学ぶことができる機会も増えているのではないかと思う。

　よく書けている答案です。みなさんも参考にしてください。なお，この答案を読むと，ストックホルムの道路では，すべて車道が歩道に上がってくるものと思われるかもしれませんが，そうではありません。ストックホルムでも，歩道が車道に下りる道路はたくさんあります。

2　さまざまな環境を発達と学習の視点から捉えるために①──エリクソンの理論

　さて，一見，発達や学習とは無関係に見える素材や環境を見て，

発達や学習の視点から考えるということが、どのようなことであるかわかってきましたか？

1つ目の答案を使って、発達と学びについて、もう少し考えておきます。

あらためて、1つ目の答案の一部を抜粋します。

> 【Work 1 －(2)の答案】その1
> ④（…略…）親子間の関わり方の幅が拡がることで、親が子どもに接する際の、心の余裕が生まれます。子どもに対して、がみがみ口うるさく注意することが少なくなり、子どもを受け止めることができるようになります。これが写真の道路がもつ「育ち」のうえでの重要性の1つ目です。

心の余裕をもって、子どもを受け止めること。この点を「発達」の理論として論じたのはエリクソンです。[1]

子どもを受け止めるとは、子どもに「応答」することです。そして、子どもに応答することで「この人は、私の望みに応答してくれる人だ」という相手への「基本的信頼」の感覚が育っていきます。[2]

「応答」「基本的信頼」、これはエリクソンの発達論のキーワードです。

エリクソンは「個別の欲求に敏感に配慮してもらう」という経験、「摂取と接触の要求に応答してもらう」という経験が、一貫して感じられることが、基本的信頼の感覚を育てると述べました。[3] やはり、重要なのは「応答」なのです。

基本的信頼の感覚とは、「（離れていても）呼べば、くっついてくれる」ような、「（お腹が空いても）呼べば、お腹を充たしてくれる」ような、応答してくれる人がいるという感覚です。2歳くらいになれば、この感覚は「貸しても、ちょうだいと言えば、返してくれる」「譲っても、やりたいと言えば、自分の番が来る」「困っても、助けてと言えば、助けてくれる」という感覚へと育っていきます。

そして、「できなくても、見放されない。側にいてくれる。それどころか、一緒に悔しがってくれる」という感覚が培われていきます。

1つ目の答案にあった「子どもを受け止める」ことは、基本的信頼の発達をもたらすものとして、重要なのです。ですから、1つ目

---

[1] エリクソン（Erikson, E.H., 1902-1994）
フロイト理論を発展させ、アイデンティティの危機という概念を提唱しました。成長過程での要素として、性的衝動（リビドー）よりも人生周期の各段階で形成される個人と社会との関係（アイデンティティ）を重視しました。参考：西平直「アイデンティティとジェネラティヴィティ（E. H. エリクソン）」作田啓一ほか（編）『人間学命題集』新曜社、1998年。

[2] 文中に記した「相手に対する信頼」と合わせて、「自分はそうした応答をしてもらえる存在なんだ。という自分に対する信頼」の両者が基本的信頼の感覚をつくっています。エリク・H. エリクソン、西平直・中島由恵（訳）『アイデンティティとライフサイクル』誠信書房、2011年（原著1959年）、p.58。

[3] 同上書、pp.58-60 及びエリク・H・エリクソン、鑪幹八郎（訳）『洞察と責任［改訳版］』誠信書房、2016年（原著1964年）、pp.113-114。

の答案の,

> ④(…略…)親子間の関わり方の幅が拡がることで,親が子どもに接する際の,心の余裕が生まれます。子どもに対して,がみがみ口うるさく注意することが少なくなり,子どもを受け止めることができるようになります。

の後に,

> そうして,子どものなかに「基本的信頼」(エリクソン)の感覚を培うことができます。

という一文を入れ,

> これが写真の道路がもつ「育ち」のうえでの重要性の1つ目です。

と締めれば,写真の道路がもつ「発達」の視点から見た重要性は,より明確になるでしょう。

3 さまざまな環境を発達と学習の視点から捉えるために②──エンゲストロームの理論

　さて,1つ目の答案には,写真の道路がもつ発達や学習のうえでの重要性が,もうひとつ記されていました。あらためて,その箇所を抜粋します。

> 【Work 1-(2)の答案】その1
> ④(…略…)子どもが多くのことに触れることで,興味・関心の幅が拡がります。また,友達をつくりやすい環境になるので,友達と一緒に,多くの自然や生き物に触れることができます。そうすると,友達と興味・関心を共有したり,一緒に挑戦したりすることが増えてきます。これが写真の道路がもつ「育ち」のうえでの重要性の2つ目です。

ここでのポイントは「(子どもの) 興味・関心」と「(子ども自身による) 挑戦」です。これらの点を学習の理論として整理しているのはエンゲストロームです。

エンゲストロームの学習理論のエッセンスを私なりに言い換えると、学習を次の5つの段階で描くことができます。

1. やりたい！
2. やりたいけど、できない。できないけど、やりたい。
3. やった！ できた！
4. いつでも、どこでも、やりこなせる。
5. できるようになったことが、周囲に波及する（できるようになったことが、出番をもつ）

この5段階のなかで「興味・関心」は第1段階にあたり、「挑戦」は第2段階にあたります。「やりたいけど、できない」「登りたいけど、うまく登れない」「うまく積み重ねたいけど、積み重ならない」。子どもたちは、そのような挑戦を繰り返しながら、「やった！ できた！」という第3段階へと、学びのステップを登っていきます。

小さな挑戦と、小さな失敗と、小さな達成を繰り返しながら、徐々に、自分のなかに「できなくても、やれば、できる」という自信を溜め込んでいきます。のみならず、自分のなかに「自分なりの登り方」や「自分なりの積み方」の引き出しを増やしていきます。自分で自分なりのやり方を編み出していくこと。それこそが学びなのです。

ですから、1つ目の答案の、

> ④（…略…）子どもが多くのことに触れることで、興味・関心の幅が拡がります。また、友達をつくりやすい環境になるので、友達と一緒に、多くの自然や生き物に触れることができます。そうすると、友達と興味・関心を共有したり、一緒に挑戦したりすることが増えてきます。

の後に、

> そして、「興味・関心」を土台にした「挑戦」を繰り返すことで、子どもたちは「できなくても、やれば、できる」という自信を獲得したり、「自分なりのやり方」の引き出しを増やすことができ

➡4 エンゲストローム
(Engeström, Y.,1948-)
学習をコントロールされたプロセスではなく「拡張」する活動、すなわち学習者による新しい現実、新しい活動、新しい生活形態の創造として捉える「拡張的学習」の理論を提唱しました。その理論を「活動理論」の中心に置くことで、人々が活動を自ら創造（拡張）していくためのアイデアやツールを明らかにしようとしています。

> ます。

という一文を入れ，

> これが写真の道路がもつ「育ち」のうえでの重要性の2つ目です。

と締めれば，写真の道路がもつ「学び」の視点から見た重要性が，さらに明確になります。

4 挑戦の土台にある意欲──意欲に火をつける環境

挑戦は大事です。子どもを取り巻く環境として，挑戦できる環境がもっと増えるといいと思います。しかし，「やりたいけど，できない」という第2段階の前に，「やりたい！」という第1段階があることを覚えておいてください。

まず，土台にあるのは，挑戦者本人の「やりたい！」という気持ちなのです。もちろん大人が「やらせたい」という願いをもつことは理解できます。しかし，大人のやらせたいことが，子どものやりたいことであるかどうかをしっかり考えてください。

「やりたいけど，できない」は楽しいものです。しかし，「やらされて，できない」は楽しくない。辛い。

大人だって同じです。「やらされて，できない」は辛い。それどころか，せっかく育った自信が失われてしまうかもしれません。

そう考えると，挑戦の前に，本人の意志や意欲と言われるものが大事であることがわかります。

というわけで，次のWork 2をやってみてください。

Work 2

どのような環境が，子どもの「やりたい！」に火をつけるのでしょうか。
まずは個人で考えてみてください。考えた点を，2つ，3つあげてください。
数分したら，どのような考えが出たか，周囲の人と共有してください。
最後に，クラス全体で共有してください。

どのような意見が出ましたか？

この点については，深入りせず，私の授業で出てきた意見のうちから，主なものを2つ紹介しておきます。

ひとつは「やりこなしている子の，カッコイイ姿が，他の子の"やりたい！"に火をつける」という意見。そうなのです。「やりたい！」に火をつけるのは，他の子の「姿」なのです。なので，カッコイイ姿が身の回りにある環境，それが子どもを取り巻く環境として大事なのです。▶5

もうひとつは「できそうで，できないもの。できなさそうで，できそうなもの。子どもはそうしたものを，自分で見つけて，火をつける」という意見。これも重要な視点です。特に「自分で見つけて」というのは大事です。▶6

▶5 この点について関心をもった人は「感染動機」「ミメーシス」という言葉について，調べてみてください。参考：佐伯胖「まなびほぐし（アンラーン）のすすめ」苅宿俊文・高木光太郎・佐伯胖（編）『まなびを学ぶ』東京大学出版会, 2012年。

5　持ち味に出番を

▶6 この点について関心をもった人は，ヴィゴツキー（Vygotsky, L. S.）の「最近接発達の領域」という考え方を調べてみてください。「発達の最近接領域」という言い方もします。参考：中村和夫『ヴィゴーツキー心理学完全読本——「最近接発達の領域」と「内言」の概念を読み解く』新読書社, 2004年。

先ほど「自分には応答してくれる人がいる」という感覚が基本的信頼の感覚であるというエリクソンの理論を紹介しました。

この基本的信頼の感覚は，エンゲストロームのいう学習の5つの段階を進んでいくためにも，非常に大事な感覚です。というのも，「できなくても，見放されない。応答してもらえる。側にいてくれる」という信頼の感覚があるからこそ，「できなくても，やりたいから，やる」という学習の第2段階に進めるからです。

このような信頼の感覚の反対が「できないと見放されてしまう」という不安（不信）の感覚です。

より深く理解すれば，「できなくても，やりたいから，やる」という子どものなかにも「できなかったらどうしよう」とか「できなかったら見放されるかも」という不安があるはずですが，その子の心のなかでは，そういった不安よりも信頼のほうが上回っています。

しかし，「やりたいけど，できないから，やらない」という子どももいます。その子の心のなかでは「できないと，見放されてしまう」という不安（不信）のほうが，信頼を上回っているのかもしれません（やらない理由はほかにもあるので，必ずしも不安・不信だけが理由ではありません）。

不安が上回ってしまう背景には，さまざまな要因があります。保育者の接し方が要因の場合もあります。「あの子はできるのに，どうしてあなたはできないの」とか，「できない子は放っておくよ」という態度で大人が接してしまうと，どうしても不安が強くなってしまいます。そういった接し方を保護者がしてしまう場合もあります。もしくは，他の園児やきょうだいが要因で不安（不信）が強くなってしまう場合もあります。

それらすべての存在が「子どもを取り巻く環境」ですが，「子どもを取り巻く環境」にはそれ以外の存在もあります。保護者が，どのような道路で毎日バギーを押しているのか。それ以外にも，保護者が置かれた職場のなかでの人間関係，保護者が置かれた職場環境。さらには，その家庭が一戸建てに暮らしているのか，マンションに暮らしているのか。マンションに暮らしているとしたら，隣との壁の厚さはどれくらいか。子どもが出す物音にどれくらい気をつけなくてはいけないのか。そういった多種多様な事柄が「子どもを取り巻く環境」として登場してきます。

「子どもを取り巻く環境」をさまざまに理解したうえで，その子どもの気持ちや学び（育ち）を理解したとします。とりわけ，「やりたいけど，できないから，やらない」という不安（不信）が上回っている子どもについて，その要因を確かめ，理解したとします。そこから，援助が始まります。

要因が保育者にある場合には，保育者自らがそれを自覚し，ただしていけばいいでしょう[7]。

難しいのは，保護者に何らかの要因があると認めざるを得ない場合です。

➡7 要因が保育者自身にあることを自覚し，ただしていくためには，①保育場面を振り返り，②その振り返りから教訓を得て，③その教訓から保育方針を立てるというプロセスが欠かせません。このプロセスを，ひとりで行うことは相当に難しいので，研修などを通じて，行います。その点については，本書第5章や第6章，第10章を参照してください。

Work 3

次の手記を読んでみてください。[8]

そのうえで，「あの子はできるのに，どうしてあなたはできないの」「できない子は放っておくよ」という言葉を口にしてしまう保護者自身が深く悩み，自分を責めている時，保育者は専門家として，どのように接したらいいか，まずは個人で考えてみてください。

考えた点を，2つ，3つあげてください。

数分したら，どのような考えが出たか，周囲の人と共有してください。

最後に，クラス全体で共有してください。

● 「どうしたら,優しいママになれますか?」の,あなたへ
　「そんなの,ふつう。気にすることないわよ」

　私は今,1歳10カ月と6カ月の年子を持つ2児の母親です。私もあなたと同じように,どうしたら子どもに優しくなれるかを考え,そしてヒステリーを起こしたときは,自己嫌悪に陥る毎日です。自分を励ますためにこの手紙を書いています。

　長男を3カ月健診に連れて行ったときの,保健婦さんの話を聞いてください。そのころ,私自身の不安定な気持ちのせいなのか,長男は夜泣きがひどく,一晩中眠れない私はストレスの限界を超え,まだ何もわからない赤ん坊をひっぱたいてしまったり,布団をかぶせたくなる心境にまで達していました。

　幸いにも,私の周りには同じ赤ちゃんを持つ友人が何人かいましたが,どの赤ちゃんも2カ月ぐらいから,夜はほとんど起きないということで,悩みを打ち明けても,ますます落ち込む一方でした。私が保健婦さんに悩みを話すと,こう答えました。「えっ,ほっぺをたたいたりしたの? そんなのふつう,ふつう,気にすることないわよ!」。私は驚きました。いろいろな答えを予想していたのに,こんなに明るく同意してくれるなんて……。

　それから私は,保健婦さんの言ったとおり,子どもをぶつことを何とも思わなくなって,赤ちゃんをぶち続けたと思いますか? 答えはNOです。心の軽くなった私は,夜泣きもこの子の個性,マイペースで気長に育てよう,夜寝なければ昼寝すればいいんだ,と考えるようになったのです。

　あのとき,もし保健婦さんが私の予想したとおりの育児書に書いてあるような答えで私を励ましたら,私はたぶん,ますます落ち込んで悪化したに違いありません。

　あなたは,母親の責任をとても深く考えている方だと思います。だからそんなに悩んでいるではありませんか。私も,周りのお母さんが,すごく優しく上手に子どもを育てているように思えます。でも,いつもこれでいいのかなって悩みながら,がんばってる人も多いと思うのです。理想の母には程遠いですが,2人の子どもが親離れする何年も先を糧にし,また誰より愛する子どもだということを頭に置いて,明日もがんばろうと思っている私です。ねぇ,いっしょにがんばりましょう!!(後略)

→8　プチタンファン編集部(編)『読んでくれてありがとう──ここに192人のママがいる』婦人生活社,1996年,pp.20-21。

　「あの子はできるのに,どうしてあなたはできないの」とか,「できない子は放っておくよ」という態度で大人が接してしまうことが,子どものなかに「できないと見放されてしまう」という不信(不安)を生んでしまうことは先に述べました。仮に保護者が,そのような態度で子どもに接しているとします。みなさんはその保護者に「そのような声かけはやめてあげてください」などと言いますか?

　実は,保護者も「そのような声かけはやめてあげたい」と思っているのかもしれません。それどころか「どうしてあなたはできないの」と言ってしまう保護者は,その人自身が人一倍「しっかりしなきゃ」と思っているのかもしれません。

　となると,その人を取り巻いている環境を理解する必要がでてきます。つまり「子どもを取り巻く環境の理解」だけではなく,「子どもを取り巻く環境(としての保護者)を,取り巻いている環境の理解」をする必要がでてきます。

　たとえば,その人は,子どもが出す物音に気をつけなくてはいけないところに住んでいるのかもしれない。子育てをしながら働くこ

とに理解の低い職場に勤めているのかもしれない。「子どもをしっかりしつけなさい」という小言が多い親族が身近にいるのかもしれない。そういった環境を「理解」する必要がでてきます。

　大切なことは，その人に不器用さや至らなさがあるとしても，それを，その人のせいにしないということです。その人だって，住まいが別のところであれば，もっと大らかに子どもに接することができるかもしれません。「あの人が悪いのよ」「あの人さえいなければ，うまくいくのよ」。つい，そういう言葉で問題を片付けたくなりますが，本当の問題は「どうして，あんなに素敵な人が持ち味を発揮できないんだろう」というところにあるのです。

　そうして，「その人を取り巻く環境」が，その人の不器用さや至らなさを生んでいると考える。そして，その人の持ち味が発揮されるように「その人を取り巻く環境」を組み立て直す。そういった援助をする。偉そうなことを言っていますが，私だって，それができているわけではありません。なので，ここに書いておいて，自分で心がけたいと思います。

　以上が「子どもを取り巻く環境の理解」という章で，私がみなさんに伝えたいことです。

Book Guide

- 鈴木まひろ・久保健太『育ちあいの場づくり論』ひとなる書房，2015年。
- 鈴木秀弘・森眞理『響きあういのちの躍動』ひとなる書房，2015年。
　子どもを取り巻く環境を理解し，援助するうえで，保育者（保育園）は何を行うことができるのか。子どもを真ん中において，保育者，保護者，地域住民といった大人たちも学び合う。そういった取り組みがいかに可能か？「できなくても，やろうとするかぎり，助けてくれる人がいる」という信頼が，子どもと大人を覆っているように思います。
- 武田信子『社会で子どもを育てる』平凡社，2002年。
- 子育て支援者コンピテンシー研究会（編著）『育つ・つながる　子育て支援』チャイルド本社，2009年。
　どちらも武田信子さんが関わっている本です。カナダでは，移民層，貧困層など，さまざまな対象ごとに援助（支援）を行っていることを学ぶことができます。また，そのような援助（支援）を日本でどのように行うことができるのかを学ぶこともできます。

Exercise

　家の前の道路，隣の家との壁の厚さ，保護者の職場における子育てへの理解度，親戚から「子育て」への口出しの量と質，などなど。これらすべてのものが「子どもを取り巻く環境」です。
　というわけで，本章の総まとめとして，次のExerciseにチャレンジしてみてください。

1.「学び」「育ち」「教育」「発達」とは無関係だと見なされがちな素材（対象）をひとつあげてください。
2.「1.」であげた素材（対象）は，子どもの「学び」「育ち」「教育」「発達」のうえで，どのような重要性をもちますか？　考えてみてください。

〈Exercise の回答例〉

　実際に，私の授業で出てきた解答例のうち，おもしろいものを紹介します。この解答例も「2．」の回答を①②③④に分けています。参考にしてください。

1．家の近所に坂道がどのくらいあるか？
2．①坂道の多い地域と少ない地域を比べてみる。坂道が多いと，坂道が多いことによって，母親の負担が大きくなる。ベビーカーを押すのも，歩くのも，自転車を漕ぐのも一苦労。
　②親子で一緒に出かける機会が減ってしまう。つまり，親が孤独になりがちになる。逆に坂道が少ないと，母親の負担が減る。外に出る機会も増え，コミュニティが拡がる。
　③「②」を踏まえれば，坂道が少ないほうが，親同士の関わり（交流）や，子ども同士のつながりが増える。子どもも親に依存せず，他の子どものところに出かけていきやすくなる。子どもの遊びがひとつの遊び場に限定されることなく，いろいろと展開される。
　④親と子が外に出やすく，動き回りやすい環境になると
　　・子どもの発達に応じて，活動領域も拡げることができる。
　　・図書館や，地域交流センターなどの「学習施設」へのアクセスもしやすくなる。
　　・たくさんの人と関わることが増えるので，お互いが気にし合うことも増える。虐待も減る。

　この学生も Work 1 で紹介した書き方で書いています。この書き方は論理的にモノを考える際に役立つ書き方です。あらためて説明すると，この学生は「坂道の多い場合」と「坂道の少ない場合」という対比項を設定しています。そのうえで，以下のように考えを進めています。箇条書きで列挙します。
　①では，両者の「違い」を見つけています。
　②では，「①」の「違い」が，子どもに及ぼす影響，親御さんに及ぼす影響を考えています。
　③では，「②」を踏まえて，「①」の違いが，子ども同士の関わり，子どもとお母さんの関わり，それぞれに及ぼす影響を考えています。
　④では，「③」で論じた「関わりの違い」が，子どもの発達にとって，どのような意味をもつのかを考えています。

　答案をもう1つ紹介します。

1．電車のなかの女性専用車両
2．朝や夕方などの，電車が混むピークの時間に，何時から何時までと決まって運行している電車の女性専用車両は，特に何の決まりもない車両に比べると，女性が多く，女性の場合は，安心して乗れます。また，女性だけでなく，足が不自由な方や小学生以下の子ども，高齢者なども乗ることができ，こういった方たちも，混んでいる他の車両に比べ，ゆったりと乗れたり，座って乗ったりもできます。

> 　男女平等の視点から見ると，合理的であるのかどうかはわかりませんが，子どもや高齢者にとっては，少しでも空いている車両があることで，安心して電車に乗ることができ，家や近くの公園などにとどまらず，さまざまな場所に行くことができるようになり，地域を超えたつながりをもてるようになると思います。さらに，子ども同士でも出かけやすくなるので，電車の乗り方や買い物の仕方など，電車を通して，社会性を身につけることができると思います。また，電車内での席の譲り合いなども経験することができ，誰かを思いやるという気持ちも学ぶことができると思います。
> 　以上のことから，子どもの発達にとって，電車の女性専用車両は，社会性を身につけて，さらに拡げていくためのツールとして重要だと考えます。

　この答案も，よく書けています。この答案は，上の①②③④のすべてを充たしているわけではありませんが，それでも②と④は書けています。
　②では，素材（対象。この場合，女性専用車両）が，子どもに及ぼす影響，足が不自由な方，高齢者，女性といった人たちに及ぼす影響（効果）を考え，④では，「②」で論じた影響（効果）が，子どもの発達，学び，育ちにとって，どのような意味をもつのかを考えています。

　これらの答案を参考にしながら，みなさんの柔らかい発想で，「子どもを取り巻く環境」を柔らかく考えてみてください。

第3章
子ども理解における発達的観点

　泥だんごをつくっているグループのところにやってきたAくん。仲間に入れてほしいのかな？　それとも誰かを自分の遊びに誘いにきたのかな？　この場面でどんな会話が生まれていると思いますか？　また，Aくんが泥だんごをつくっているグループの子どもたちと同じ年齢と考えた場合と，Aくんが年下だと考えた場合とで，考えられる会話にどのような違いがあるでしょうか？

乳幼児期には，子ども同士のやりとりがどんどん活発になり，人との関わりの経験が豊かになっていきます。それに伴い，それぞれの発達段階に沿った仲間入りやいざこざ，言葉での伝え合いや協同的な活動がみられるようになります。
　写真のAくんが泥だんごをつくっているグループの子どもたちと同じ年齢だと想定した場合と，Aくんが泥だんごをつくっているグループの子どもたちより年下だと想定した場合とでは，彼らの間に生まれている会話は異なってくると考えられるのではないでしょうか。その違いに，子ども理解における発達的な観点があるといえます。

1 大人が変わると子どもが変わるという発見

　もう20年以上、保育に携わっている保育者Nさんと久しぶりに会った時のことです。その方は、ご実家が保育所を営んでおられましたが、大学生になったばかりの頃は、特に保育者になることは考えていなかったそうです。ところが、大学のある授業で発達観を問い直す考え方に出会い衝撃を受けて、そのことがきっかけで保育という仕事に魅力を感じて、保育者になることを志したのだと言います。身近に保育所のあったところで育ったNさんにとって、園で子どもは成長する、発達する、変化する場所だということはわかっていたと言います。しかし、子どもが育つ場所であっても、そこにいる大人は変わることなく小さな子どもの世話をする人だから、仕事としてはおもしろくなさそうだと何となく考えていたのだそうです。ところが授業で出会った話は、「保育者（のものの見方や発達観）が変わると子どもが変わる」というので、保育者が変わる、あるいは保育者のもつ発達観や子ども理解が変われば、子どもに対する関わり方が変わり、その結果、子どもも実に生き生きと活動（学び）に参加するように変わるのだという話だったのです。それを聞いたNさんは、変わるのは子どもだけではなく、大人（の見方やまなざし、発達観）が変われば子どもが変わるという保育という仕事は、大人にとっても大いにやりがいのあるおもしろい仕事だと希望をもち、保育者になったというのです。

　この話のもとになった論文を書いたのは筆者だったので、20年も経ってからこのような話を聞いて大変驚くとともに、人の考え方が変わると保育に対する志まで変わってしまうということに衝撃を受けた次第です。

　その論文とは、ある保育所の4歳児のKくんの変容していく過程を描いていましたが、その変容は保育者との関係と他の子どもとの関係性の変容と連動していくなかで、次第にKくんの参加の仕方も変わっていくというものでした。

　以下のエピソードは、筆者がKくんを観察しはじめた当初の頃の保育者と子ども、子どもと子どもの関係性を示したものです。

▶1　刑部育子「集団における相互作用——保育園における観察とその関係論的分析」『発達』64、1995年、pp. 18-23。

第Ⅰ部　子ども理解の意義と原理

Episode 1　横を向いて保育者の話を聞くK（5月）

　午睡後のおやつの時間。Kは目覚めが悪く，席に着くのが遅れます。そのため，他の子どもたちは全員おやつを食べ終わってしまい，Kはひとりきりでテラスで食べています。他の子どもたちは園庭で遊んでいます。

（F保育者がKの正面に座って言う）
　F保育者　「Kくん，食べれるこれ？　ねぇ。」
　Kくん　　「……。」
　F保育者　「ねぇ，大丈夫なの？」
　Kくん　　「……。」（Kは小さくうなずくが，保育者の顔を見ずに横を向く）
　F保育者　「もうちょっと，もうちょっと頑張って食べてくれる？」
　Kくん　　「……。」（横を向いたままである）
　F保育者　「もう，給食の先生，食器洗いたいって言っているから。」
　Kくん　　「……。」（再びうなずくが横を向いたままである）
　F保育者　「口もぐもぐ動かして，頑張って食べて，ね。」
　Kくん　　「……。」（Kは下を向いたまま軽くうなずくが，横を向く。）

　F保育者があきらめてそこを立ち去ると，KはF保育者が去った方向をあごをあげて遠くを見るようにして見た後で，両手でテーブルの上をばたばたとたたき，テーブルの下で足をばたばたさせる。

　ここで注目したいのは，Kくんは何もしゃべっていないということです。もし，Kくん個人の記述なら，このしゃべっていないという事実以上のことは明らかになりません。しかし，他者との関係に注目するとこの「……」が大変意味のある，ある関わりのパターンだということが見えてきます。それは，保育者に対するKくんのある反応の仕方なのだということです。
　ここでの保育者の言葉かけは，そのどれもが「親切な言葉かけ」になっていることは明らかです。しかし，その一方で，他の子どもがすでに園庭でおやつを食べ終わり遊んでいるのに，Kくんだけがひとりでテラスで食べているといった「状況」を考えれば，その言葉が「早く食べてほしい」という保育者の強い要求であることも明らかになります。この保育者の口調と内容に表れる矛盾に対し，Kくんは保育者の見かけ上の「親切な言葉かけ」にとりあえずうなずくと同時に，保育者を「見ない」ことでその「要求」を回避します。さらにこのKくんの不自然な反応の仕方が保育者のいらだちを増大させ，保育者は「繰り返し」要求するようになるのです。

また他の園児たちも保育者とKくんの「関わり」を見ていないようでいながら実によく見ています。保育者のいない場面でも保育者同様の内容の言葉かけをKくんにしています。

Episode 2 　保育者の働きかけを再現する子ども（5月）

　Kがひとりでテラスでおやつを食べている時，保育者がKに対して食事を早くすませるように促す場面を少し離れた登り棒のところにいた，園児S，Dがそれとなく見ていた。保育者が去ったあと，2人はKに向けて「聞こえよがし」の会話をする（図3-1参照）。

　Sくん　「Kだけだよ。（食べてないのは）」
　Kくん　「……。」（その子どものことを見ている）
　Sくん　「K，遅いなあ。」
　Kくん　「……。」（Kはうなずく）
　Sくん，Dくん「K，遅いな」
　Kくん　「……。」
（「Kだけだよ」と言われてから約30秒後にテーブルの下で足をばたばたさせる）

（園児Lが三輪車でやってくる）
　Lくん　「K，おはようございます。」
　Kくん　「……。」（黙ってLを見ている）
（Lはもう一度ぐるっと園庭を回り，今度は三輪車を降りてKの後ろを通り，さらに接近して言う）
　Lくん　「だってずっと寝てるんだもん。」
　Kくん　「……。」（テーブルに頬杖をつく）
　Kくん　「だってズボンもしまったんだよ。」

図3-1　Kと他の子どもたちとのやりとり
出所：筆者作成。

2 「まなざし」の背後にある私たちの発達観

　このＫ児の観察をしていた頃（1990年代），「発達」といえば，「（多くの子どもたちは）〇歳になると〇〇ができるようになる」ということを発達と捉えるのが一般的でした。おそらく今でもそのように思っている方は多いのではないでしょうか。もしも，ある子どもが４歳になり，社会性が育ち友達と協同して遊べるようになる時期に，いつもひとりで遊んでいるとか，友達とうまく遊ぶことができない，トラブルを起こしては泣いているなど，他の子どもたちよりも目立ってそのようなことが多いと，大人は心配になり，どのように関わっていけばよいか悩むことがあるかもしれません。このような思考の背後には，ある発達観が大きく影響しています。それは「〇歳になると〇〇ができるようになる」と捉える発達観，「個人能力獲得説」とも言える発達観です。「個人能力獲得説」には，発達心理学者ピアジェ（Piaget, J., 1896-1980）の「発達段階説」が大きく影響しているので，以下ではピアジェの発達段階説がどのように生まれたのか，見ていきましょう。

3 発達心理学者ピアジェの発達理論の教育への影響

　ピアジェは，スイス生まれの発達心理学者です。保育の勉強をされている人なら，ピアジェの名前はとても有名なので聞いたことがあるかもしれません。ピアジェといえば，「発達段階」とピンとくる人も多いかもしれません。というのも，「〇歳になると〇〇ができるようになる」という理論は，ピアジェの研究がもとになっているといっても過言ではないからです。

　ピアジェは幼い頃から観察眼に優れていました。たった10歳で白スズメ（仏語：moineau albinos）についての観察を論文にまとめました。ヌーシャテル自然史博物館の館長にそれを認められ，週２回，学校の放課後に彼のもとで非常勤の助手を務める機会を与えられた

ほどだったと言います。ピアジェは幼い頃から，生物や軟体動物がどのようなプロセスを経て成長するのかについて，克明に観察して記述していました。このような幼い頃の発生学的な研究の経験から，ピアジェは人間がどのように大人の知性（認識）に近づくのかに大いに関心をもったのです。ピアジェは，どうして小さい子どもは大人と異なる答え方をするのか（「保存課題」における誤答など）に関心をもちました。そして，それがどのようなプロセスを経て大人の認識に変わるのかを観察研究や多くの子どもたちに対する実験研究をすることで，確かめ，体系づけていったのです。そのため，ピアジェの理論は，専門的にいうと「発生学的認識論」と呼ばれることもあります。

また，ピアジェには3人の子どもがいましたが，その一人一人の子どもがどのように発達するのかを克明に観察し，記述しました。たとえば，以下のような感じです。

> ピアジェによる観察事例（感覚運動期）3か月（13週）
> ルシアンヌ ○：三（一三） 開いたり閉じたりする自分の右手を長いあいだみつめている。それから突然，手が左ほおの方向に動いたが，彼女は眼でその動きを正確に追う。頭も，それを予見していたかの如くにスムーズに向きをかえていく。そこから再び手は元の位置に戻る。ルシアンヌは，まだその手をみつめており，身体をゆすり，口を大きく開けてニッコリ笑う。その後も同じ遊びをくりかえす。その日から数日間，手の運動や，手がモノをつかんでいる光景に対して視覚的興味を示す。しかし，見ているということ自身は，手の運動をわずかに活発にしているという以外に，まったく何の影響も与えていないようにみえる。

このような記述がもとになり，それぞれの子どもが，どの時期にどのようなことをするように変化していったのかについて，さらに多くの子どもたちにも実験によって確かめていき，その発達過程が体系づけられ，段階として表したのです。それが，私たちがよく耳にしたことのある「発達段階」です。「発達段階」では，「感覚運動的段階（0～2歳）」「前操作的段階（2～7歳）」「具体的操作段階（7～12歳）」「形式的操作段階（12歳～成人まで）」など，多くの子どもたちがそれぞれの時期に特徴のある認識を示すことを明らかにしました（表3-1）。

▶2 保存課題
対象の形や配置状態を変えたり分割したりして，それらの外観を変化させても，その対象の数量は一定したままであることの認識を調べる課題。

▶3 J. ピアジェ，谷村覚・浜田寿美男（訳）『知能の誕生』ミネルヴァ書房，1978年。

第Ⅰ部　子ども理解の意義と原理

表3-1　ピアジェの発達段階

〈感覚運動的段階（0〜2歳）〉
　生後間もなくからおよそ2歳ぐらいまで。子どもは，自分が行う身体的活動から外界について知るようになる。この段階は，思考と言語の獲得をもって終わる。

〈前操作的段階（2〜7歳）〉
　2歳からおよそ7歳ぐらいまで。ピアジェによれば，就学前の子どもは，まだ十分な論理的思考を獲得していないということでこのように名づけた。

〈具体的操作段階（7〜12歳）〉
　7歳から12歳まで。初等学校の典型的な年齢の子どもは「いまここ」の状況で「具体的」な問題について論理的に考えることができる。具体的操作の獲得によって，思考は可逆的になり，子どもは，物事の具体的な特性についての推論の内在的な必然性を理解する。

〈形式的操作段階（12歳〜成人まで）〉
　西欧社会の成人において獲得される思考形式で，仮説からの系統的な推論によって進行し，特に科学的な推理において，抽象的あるいは仮説的な課題について考えることができる。

➡出所：ジョージ・バターワース／マーガレッド・ハリス，村井潤一（監訳）『発達心理学の基本を学ぶ――人間発達の生物学的・文化的基盤』ミネルヴァ書房，1997年。

　ピアジェの研究の成果は，教育界に大きな影響を及ぼしました。また，多くの教育者たちを魅了したと考えられます。なぜなら，それぞれの時期の発達段階を知ることで，それぞれの発達の時期にふさわしい教え方を，ピアジェの「発達段階」を根拠に考えることができたからです。たとえば，前操作期の4歳の子どもに，12歳頃から可能とされる形式的な操作が必要な抽象的な演算を教えたとしても，多くの子どもにとってそれは消化できず学習に効果がないことはピアジェの研究から検証済みです。そのため，4歳児には，多くの4歳児が楽しんで理解できることを遊びのなかに取り入れながら，保育者は発達を促すような保育や教育をすることができます。また，小学校へ入る頃の「具体的操作期」と呼ばれる6歳頃には，多くの子どもは具体的なものを使いながら操作が可能になるので，たとえば，おはじきやタイル，具体的な絵の描かれたシールなどの教材を使えば，目に見える具体物を頼りにして足し算や引き算が可能になるわけです。このような発達の知見は，現在の日本の小学校の算数の教科書や教材にも反映されています。このように，ピアジェの理論は，教育の方法に大きく影響を及ぼしたのです。

　しかし，気をつけなければならないのは，ピアジェ自身は教育について，このようにしたらよいとはまったく言及していないことです。ピアジェは実験によって，多くの子どもがある発達段階に達するまでは認識は変わらないことを明らかにしていたので，たとえば

早期教育のように、4歳の子どもに10歳の子どもができる課題を与えても、消化できないと考えていたに違いありません。このように、ピアジェが考えていたことは、純粋に、どのように大人の知性（認識）に近づくかであり、どのような教育をしたらよいかなどとは本人は言っていなかったのです。しかし、この理論は多くの教育者や一般の人たちにもわかりやすい体系だったため、「発達段階」だけが有名になり、「発達段階」こそが「発達」を語る時に利用され、われわれの発達観に大きく影響を及ぼしていくようになったと考えられます。この「発達段階」をわれわれは「〇歳になると〇〇ができるようになる」という子どもの発達の理解に置き換えているのです。また、ここで注意しなければならないのは、「〇歳になると〇〇ができるようになる」という理論は、他者がどのように関わるかということと関係がない理論です。どのような子どももある時期になるとあることができるようになるというピアジェの理論は、個人の能力に帰して子どもを理解する発達観です。このように「〇歳になると〇〇ができるようになる」とする発達観を、ここでは「個人能力獲得説」あるいは「個人能力還元説」と名づけることにしましょう。

4 「〇歳になるのに〇〇ができない」と考えるクセ

　「個人能力還元説」で最初のエピソードを見ると、どうなるでしょう。ここで、Kくんのエピソードに戻りましょう。
　さきほど紹介したエピソードのKくんは、4歳になるけれど、他の子どもともうまくいかずトラブルを起こしては泣いている、何かをやろうと誘っても耳をかさず、自分のしたいことを始めてしまい、みんなのしていることを楽しまない。みんなができることができないなど、保育者にとっては心配になることが多かったのです。このようなことは、「個人能力還元説」の発達観で置き換えていうと、4歳児にふさわしい社会性がその子どもには育っていない、4歳児になってもできることが少なく発達に問題があると捉えられ、その子ども個人の能力に帰して語られてきました。
　しかし、筆者がKくんを追いながら1年間見てわかったことは、「当初泣いていることが多かったのは、Kくんにとって嫌なことを

他の子どもから言われたりしている時で、Kくんからは言い返すこともほとんどなく、悲しくなって泣いているのではないだろうか」「先生から一緒にみんなと何かやろうと誘われても、それに乗らないのは、Kくんの登園が家庭の事情により遅いため、十分に自分の遊びをする時間がなくて、登園後すぐに一斉の活動に誘われてもすぐにやる気にはなれないのではないだろうか」など、Kくん本人の能力によるものではなく、「Kくんをめぐる状況がKくんにとってはうれしいことではないことが多いからではないか」ということが見えてきました。そして学年の後半には、できることが大きく変化したわけでもないにもかかわらず、周りとの関係（保育者との関係や他の子どもたちとの関係）がよくなってくると、いろいろなことをKくんが自ら楽しんで行うようになり、保育者から見てもKくんの気になる行為が問題にならなくなったのです。このような変化は従来の「個人の能力に帰した発達観」である「個人能力還元説」では説明がつかないのです。

5 「個人能力還元説」を超えた「関係論的発達観」での捉え直し

　Kくんのエピソードから、Kくんが特別に何かが急にできるようになったわけでもないのに、Kくんの行為に変化が見られるとはどういうことなのでしょうか。Kくんは4歳児クラスになったばかりの頃は一人で遊んでいることが多く、保育者がみんなで活動をしているところにKくんを誘っても、耳を貸さないでどこかに行ってしまうような状況でした。4歳児にもなれば、協同遊びがさかんになってくる時期なのに、どうしてなのだろうと保育者が悩む時期もありました。また、ひとりで遊ぶといった時、ひとりで黙々と没頭して遊んでいるなら、保育者も安心したかもしれませんが、そういうわけでもなく、手持ち無沙汰に三輪車にひとり乗りながら、何となく友達の遊んでいる様子を見ています。ここにKくん自身がひとりで遊びたくて満足して遊んでいるのではなく、ひとりになるしかない仲間関係が形成されている状況にあることが見えてきます。Kくんが特別に悪いことをしているわけでもないのですが、Kくんを仲間に入れないような他の子どもの厳しい言動もありました。それ

は他の子どもたちの「オレたち」の仲間の形成ができると，「オレたち」以外との境界線をある子どもたちとの間につくることによって，仲間を安定させたいという集団意識が働いていたのかもしれません[4]。特に7月頃は，友達との関係性がそれぞれの子どもにとってよくわかるようになり，子どもたちの間で関係が育ち，その結果，関係性のなかにも厳しい緊張関係があることも見えてきました。

> [4] 岩田恵子「幼稚園における仲間づくり――『安心』関係から『信頼』関係を築く道筋の探究（自由論文）」『保育学研究』49（2），2011年，pp. 157-167。

❶ 新入園児が固定した子ども同士の関係性を変えていく

ところが，夏休みを経て9月になる頃，転園してきた新入園児が入り，固定した子どもたちの仲間関係に変化が見え始めます。新入園児はKくんのしていることに興味を示したようで，ついていく場面が多く見られました。そうなるとKくんは自ずとひとりという関係から誰かと一緒という関係に変化し，クラスのなかでの存在感が増していきます。そうなると，今までとは異なる関係性が子どもたちのなかでも創出されていくのです。

❷ 保育者同士が共に考える園内研修

さらに，保育者もKくんを何とかしなければといろいろ焦りつつ，施してきたKくんへの関わりをいったん解除させる方向へと変化させます。それは，他の子どもたちと同じようにいろいろとできるようにさせなければ，という個人の能力獲得に焦点を当てた関わりを変えようとする園内研修会での話し合いの結果における保育者たちの覚悟でした。Kくんを何とかしなければという焦りと努力を他の同僚の保育者たちも労い，他の方法はないだろうかと共に考えます。その議論のなかで，Kくんが夏休みにおばあちゃんの家に行き，帰ってくるととても機嫌がよくなってくると担任以外の保育者が話し始めます。どうしてだろうかと保育者たちが考えた末，おばあちゃんのところに行くと，Kくんが何をやってもかわいいねと言って，Kくんが幸せな気分になって帰ってくるからではないかということに思い立ちます。私たち保育者が一生懸命してきたことは，「（みんなと同じように）Kくんに○○できるようになってほしい」という強い思いが先行し，Kくんが本当にしたいことを「いいよ，いいよ，やってごらん」とは言っていなかった，ということに気がつ

きはじめ,「おばあちゃん方式」でやってみようという関わり方の大きな変化でした。このような考えの変化は,単純ではありません。何しろ,保育者はKくんが少しでも他の子どもたちと同様に「〇歳になると〇〇ができるようになる」ことを一生懸命増やそうと努力してきたからです。その発達観の背後にある根強い「個人能力獲得説」を捨て去る覚悟は,簡単なことではないはずです。それでも,行き詰まった関わりを解除し,もう少し焦らずゆったりと見守ろうという方向へ変化させる覚悟が園全体で形成されはじめた時,Kをめぐる関係性全体の歯車が変わりはじめたことは想像できるでしょう。結果,保育者はKくんがしたいことをできるかぎり保障しようという関わり方に変化します。Kくんは無理に他の子どもたちと同じことをしなくても,自分のしたいことをすることを保育者から認められます。そのようにすると,Kくんと保育者の関係のうれしい関係がゆるやかにできていき,その結果,Kくんは自ら保育者に声をかけ,関わりはじめます。

Episode 3　Kから保育者に呼びかけるように変わる（12月）

W保育者が午睡用にカーペットを敷いている。

Kくん　　「ねえ,W先生見て。」（カーペットの上に乗り,縄跳びをしようとする）
W保育者　「やーだKちゃん,Kちゃん重たいもん。」
Kくん　　（カーペットから外れた床で跳んで見せるが失敗する）
W保育者　「Kちゃん,お着替えしてからやってごらん。」
Kくん　　（再び跳ぶ）
W保育者　「じゃ,そこまでにしてお着替えして,その後また練習してごらん。」（Kの顔を見ながら言う）
W保育者　「Kちゃん,先生がちゃんとこれ（縄）預かっておいてあげるから。」
Kくん　　「来てね。」
　　　　　……中略……
W保育者　「あ,できた？　どれどれどれ？　着替えたところ見てみよう。」（Kと並んで,ロッカーに行く）
Kくん　　（自分の椅子にある洋服のところに行き,W保育者が洋服を取り上げるのと同時にW保育者のポケットから縄を取り出す）
W保育者　「じゃ,いいから,先生がこっちやってあげるから,Kちゃん,おズボンやってごらん。」
Kくん　　（縄を床に置いて,「こうやって,こうやって」とズボンをW保育者と一緒にたたむ）
Kくん　　「たためた。」

> W保育者「あ，きれいだ，Kちゃんすてき」（と言って3回手を叩く）
>
> そして，W保育者は縄を指さし，テラスのほうを指さす。
> Kは縄をとり，解きながらテラスに向かう。

▶5 刑部育子「『ちょっと気になる子ども』の集団への参加過程に関する関係論的分析」『発達心理学研究』9（1），1998年，pp. 1-11。

　このような関係の変化を他の子どもたちも感じとっています。Kくんは子ども同士の間にも一目置かれるように変化します。Kくんには他の子どもからも受け入れられるという好循環の関係性ができた結果，Kくんは機嫌よくいろいろなことに取り組むように変わったのです。これは個人の能力が発達したという見方ではまったく説明がつきません。Kくんをめぐる関係性が変化した時，Kの行為もその関係性のなかで変化したわけです。こうした変化は「関係論的発達観」として捉えることができます。

6　保育（子ども理解）がおもしろくなることと発達観の変容

　私たちのまなざしや子どもに対する関わり方の背後に，大きく発達観が関わっていることをお話ししてきました。今までとは異なる見方で子どもを理解するということの難しさも，ここまで読んでこられたみなさんは感じたかもしれません。私自身，Kくんの事例を通して，Kくんがかわいそうだな，保育者の先生方も苦労されているな，どうしたらいいのだろうと記録を取りながら考え続けた一年でした。このような状況を誰かのせいだけにしてしまうこと（「個人能力還元説」）などできないということが見えてきました。私たちは往々にして，問題があると原因があると考えがちです。これは科学的に心理を追究しようとした発達心理学でも，よく使われる議論の仕方で，因果論的に問題を考えるという癖を知らず知らずのうちに身につけています。しかし，Kくんのエピソードの研究からは，因果論的には説明がつかないことが起きていました。すべてが関係性のなかで起きていることだから，どこかだけを切り取ることはできないKくんの行為の意味を考えようと思えば，問題となるKくんの行動だけを切り取ることはできないことだったのです。Kくんの行動は，保育者の言動から影響を受け，それに応じてのこと（聞こ

えないふり，そっぽを向いたままであるとしても）であるし，さらに連動した関係が他の子どもとの間にもできてくるのも，Ｋくんをめぐるやりとりに敏感な周りの子どもたちが，同じようにＫくんに接するようになることも，ある意味の関係性の生成なのです。

大人が変わると保育が変わり，子どもも変わるという未知性を，希望に満ちた仕事として受け止めてくださった保育者がいるということに，筆者は勇気をもらいました。保育者にとって，新しい「子ども理解」の可能性が見えてきたら，毎日の保育が子どもと共にやってみたいことに満ちることになるでしょう。子どもへの具体的な援助の仕方も変わるでしょう。本章では，大きく異なる２つの発達観を紹介してきました。ひとつは「個人能力還元主義」（個人の能力に帰して発達を語る見方），もうひとつは「関係論的発達観」で関係が変わると，子どもの行為が変わるということの意味を捉える発達観です。

しかし，それでも新鮮な目で子どもに関わることはそんなに簡単なことではないかもしれません。そのような時，他の同僚の異なる視点，新人の保育者の感想，異なる専門家のアイデア，そのような自分の考えとは異なる意見を聴いて，自分の考えの背後にある発達観を問い直すことも保育者の成長には重要であるはずです。

Book Guide

- 佐伯胖（編著）『「子どもがケアする世界」をケアする――保育における「二人称的アプローチ」入門』ミネルヴァ書房，2017年。
  子どもを見るまなざしが，他人事としての三人称から共感的二人称へかわる時，どのように変化することになるのか，具体的事例の観察記録をもとに描かれています。発達においても，三人称的な「個人の能力」として見る見方から，子どもが出会っている世界を聴き入る「関わり」として見る見方を知ることができるでしょう。
- 子どもと保育総合研究所（編）『子どもを「人間としてみる」ということ――子どもとともにある保育の原点』ミネルヴァ書房，2013年。
  子どもを「子どもとしてみる」ということと「人間としてみる」というのは何が違うのでしょう。本書の保育実践の事例をじっくりと味わって読んでみてください。子どもの世界の奥深さがさらに見えてくることでしょう。

Exercise

1. 幼稚園や保育所，認定こども園などの保育施設で，あなたが関心のあるひとりの子どもを選んで観察し，その子どもの発達が見えるようなエピソードを取り出して，そこにはどのような発達過程が見られるかを具体的に検討してみましょう。
2. 学生3～4人のグループに分かれ，幼稚園や保育所，認定こども園などの保育施設に出かけて，それぞれの年齢ごとの子どもたちの遊びを観察してみましょう。観察後，それぞれのグループの記録をもとに，年齢ごとに遊びの仕方がどのように異なるか，話し合ってみましょう。

第 4 章

子ども理解における
保育者の姿勢とカウンセリングマインド

少し緊張した表情で小さな虫をつまんだ女の子。女の子を抱っこしている先生は，彼女にどんな言葉をかけているでしょうか？

幼い子どもにとって，園生活のなかで出会うさまざまなものが「生まれて初めて」のものであったり，慣れないものであったりします。そんなとき，保育者が温かく寄り添ってくれることで，子どもはそれらのものと積極的に関わろうとしたり，それらのものとの関わりを深めたりすることができます。

　「ちっさいねぇ」「○○ちゃん捕まえられたね」など，ささやかな出来事であったとしても，保育者が子どものその時々の気持ちに共感し，その気落ちを代弁したり，子どもの言葉に応えたりすることで，子どもは自分の世界を拡げていくことができるのです。

1 子ども理解における保育者の姿勢

❶ 子ども理解の重要性

子ども理解は，保育を充実させていくうえで必要不可欠なものとなります。「幼稚園教育要領」では，以下のようにあります。

> （1） 指導の過程を振り返りながら幼児の理解を進め，幼児一人一人のよさや可能性などを把握し，指導の改善に生かすようにすること。その際，他の幼児との比較や一定の基準に対する達成度についての評定によって捉えるものではないことに留意すること。

➡1 「幼稚園教育要領」第1章「総則」第4「指導計画の作成と幼児理解に基づいた評価」の4「幼児理解に基づいた評価の実施」。

ここに記されているように，保育の「計画→実践→評価→改善」という，いわゆる PDCA（Plan-Do-Check-Act）サイクルの「評価」の部分に「子ども理解」が重なると言えます。また，その場合の子ども理解とは，「Aくんは他の大勢の子どもに比べて○○ができない」など子ども同士を比較するものでもなければ，「○歳の○月頃には○○を身につける」などと一定の基準に対する達成度や到達度を評価するものでもありません。保育の具体的な場面や活動のなかで一人一人の子どものよさや可能性を見出していくことが子ども理解となります。

子ども一人一人のよさや可能性は，何もしなくても感じ取れるものではありません。それらを見出すためには，保育者の子ども理解における姿勢が問われます。

以上のことは，幼稚園だけでなく保育所，認定こども園など，保育を行うどの施設にも共通することです。

❷ 子ども理解と保育者の姿勢

文部科学省が作成した『幼児理解と評価（幼稚園教育指導資料第3

第Ⅰ部　子ども理解の意義と原理

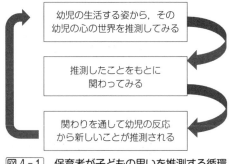

図 4-1　保育者が子どもの思いを推測する循環
▶出所：文部科学省『幼児理解と評価（幼稚園教育指導資料集第3集）』ぎょうせい，2010年，p.8をもとに筆者作成。

集)』では，保育者が子どもの行動からその思いを推測する際に，図4-1のような循環のなかで徐々に子どもの行動の意味が見えてくるとしています。

　この循環のなかでも特に，子どもと関わりながら理解を深めるという点に，保育者の子ども理解のあり方の特徴があると言えます。子どもと関わりながら，子どもの表情や身体の動きなど言葉以外の表現も含めて子どもの気持ちを推し量っていくことが重要になります。

　また，同資料集では，幼児理解における教師の姿勢として大切にしたい点として，以下の5つをあげています。

・温かい関係を育てる
・相手の立場に立つ
・内面を理解する
・長い目で見る
・教師が共に学び合う

　次に，保育のなかの具体的な事例から，これらの姿勢について考えていきましょう。

2　子ども理解における保育者の姿勢の実際

Episode 1　もう，赤ちゃんじゃないでしょ！

認定こども園の3歳児クラス「つばめ組」に入園したアカネは，生まれて初めて保護者と離れて過ご

す園生活に不安と緊張を感じ，入園当初から登園してからしばらくは泣き続ける日々でした。長い時には，午前中ずっと涙が止まらず泣き続けていることもありました。担任のミナ先生は，アカネの不安な気持ちを受け止めるようにし，アカネの求めに応じて長い時間抱っこをして気持ちが落ち着くように声をかけたりしていました。

「つばめ組」には，3歳未満児の頃から園に通う進級児のほうが多いこともあり，5月の連休明け頃になると，登園後に泣いているアカネに対して「まだアカネちゃん泣いてるの？」などと尋ねる子どもも出てきました。なかには，アカネを少し見下すような言動をする子どもも出てきて，ミナ先生も気になるようになりました。

ある日，0歳から入園し，弟や妹もいる「しっかり者」のサツキが，ミナ先生に抱っこされながら泣いているアカネに向かって「アカネちゃん，赤ちゃんみたい」とふざけた様子で笑いました。ミナ先生は「サツキちゃん，アカネちゃんね，ママに会えなくて泣きたい気持ちなの。赤ちゃんみたいに泣きたい時もあるんだよ。優しくしてあげようね」と諭すようにサツキに話しました。

するとサツキは，「もう，赤ちゃんじゃないでしょ！」とミナ先生に抱っこされているアカネの背中を強く叩きました。ミナ先生が「さっちゃん，それは痛いよ！　ダメだよ！」と厳しい口調で注意すると，サツキはふてくされた表情で「アカネちゃんばっかり……」とつぶやきました。

Work 1

Episode 1について，次の①と②について考え，グループで話し合ってみましょう。
①アカネとサツキ，それぞれの気持ちを考えてみましょう。
②アカネの背中を叩いたサツキに対して，自分がミナ先生の立場だったらどのように関わるか考えてみましょう。

❶ 温かい関係を育てる

子ども理解のためには，子どもが「この人なら安心，安全」と思えるような，信頼関係を子どもとの間に築くことが重要です。それは，自分を偽ったり，隠したりすることなく，自分に正直に無防備でいられるような関係であるとも言えます。これは，前述の5つの姿勢のうちの「温かい関係を育てる」につながります。

信頼している大人の前では，子どもは自分の気持ちをより正直に表すことができ，自分の気持ちを受け止めてもらうことで，さらにその人に対する信頼を深めます。

Episode 1のアカネのように，保護者と離れて生活することの不安や緊張，寂しさなどで泣いてしまう姿は珍しいものではありませ

ん。子どもによってはそのような姿がしばらく続くこともあります。保育者は，Episode 1のミナ先生のように，子どもの不安や緊張，寂しさを理解して，抱っこなどの身体接触や優しい表情や言葉かけを通して，子どもの気持ちや姿に温かく応じることが重要です。

アカネを長い時間抱っこしながら，「アカネちゃんね，ママに会えなくて泣きたい気持ちなの。赤ちゃんみたいに泣きたい時もあるんだよ」と話すミナ先生の姿は，子どもの姿を否定せずにありのまま受け止め，信頼関係を築こうとしている姿であると言えます。このような保育者の存在をよりどころにして，子どもは少しずつ新しい生活に慣れ，自分で動き出すことができるようになっていきます。

❷ 子どもの立場に立ち，その内面を理解する

しかし，その気持ちを受け止められるべきは泣いている子どもだけではありません。Episode 1のサツキの気持ちはどうでしょうか。泣いているアカネをふざけた様子で笑ったり，抱っこされているアカネの背中を叩いたりする行動は，望ましい行動とは言えません。しかし，だからといって，サツキの行動だけを取り上げて「サツキは思いやりがない」「サツキは意地悪な子だ」とサツキを理解してしまっては，子ども理解とは言えません。

子どもが望ましくない行動をした時こそ，「相手の立場に立つ」「内面を理解する」という姿勢がより重要になります。望ましくない行動が自他の安全を脅かしたり，心を傷つけたりするものである場合には，子どもにそのことに気づかせ，望ましい行動を促すことが必要になります。しかし，その場合に子ども一人一人に応じた適切な援助を行うためには，頭ごなしに行動を叱ったり，望ましい行動を一方的に指示したりするのではなく，子どもの行動の奥にある子どもの気持ちを理解することが重要になります。

たとえば，Episode 1でサツキが「アカネちゃんばっかり……」とつぶやいていることに注目すると，サツキはミナ先生に抱っこされているアカネに羨ましさや妬ましさを感じていたのかもしれません。そう考えると，サツキが「アカネちゃん，赤ちゃんみたい」とふざけた様子で笑ったのは，アカネに対する妬ましい気持ちからつい意地悪なことを言ってみたくなったのかもしれません。

サツキが「アカネちゃん，赤ちゃんみたい」と笑ったのは，意地

悪な気持ちではなく単純に泣いているアカネを笑わせようと思っておどけたつもりだったのかもしれません。あるいは，ミナ先生にかまってほしい気持ちから，ミナ先生の前でふざけたのかもしれません。しかし，ミナ先生に「赤ちゃんみたいに泣きたい時もあるんだよ。優しくしてあげようね」と諭すように言われたことで，サツキは何だか自分が悪者になったような悔しさを感じ，その悔しさの腹いせからアカネを叩いてしまったのかもしれません。

このように，サツキの立場に立ってサツキの気持ちを想像すると，サツキの行動の奥にある気持ちに気づくことができます。もちろん，このような想像が果たして本当にその時のサツキの気持ちだったのかを正確に確かめることはできません。サツキに尋ねてみてもサツキ自身も気づいていなかったり，言葉で説明することが難しかったりするでしょう。しかしそのように子どもの気持ちを理解しようと想像しながら関わることで，より子どもの心に響く関わりを生み出していくことができます。

❸ 共に学び合い，長い目で見る

Episode 2　ずっとお姉ちゃんなのよねぇ……

ミナ先生は保育後の更衣室で，サツキが2歳児クラス「ひつじ組」の時に担任だったハナ先生に，サツキのことを話しました。ハナ先生は，今は，サツキの弟がいる1歳児クラス「ひよこ組」を担任しています。

ハナ先生は，「そっかぁ，サッちゃん，結構お世話好きなんだけどねぇ……。今，『ひよこ組』に弟がいるでしょ。それで，お母さん3人目が夏前に生まれる予定なの。サッちゃんは物心ついた時からずっと『お姉ちゃん』なのよねぇ……」と，サツキの姿を思い浮かべるように話しました。

また，その時，更衣室にいた5歳児クラス「キリン組」のケイ先生は，「そういえばサツキちゃん，この前の3・4・5歳児の合同給食の時，5歳児の子にすごく甘えてて，ちょっとびっくりしちゃった。給食の後も抱っこしてもらってうれしそうだったなぁ」と話しました。

ミナ先生は，ハナ先生とケイ先生の話を聞いて，「赤ちゃんじゃないでしょ」とアカネの背中を叩いたサツキの姿に思いを巡らせました。そして，何だか少しサツキの行動の意味やサツキの気持ちがわかったような気がして，サツキへの関わり方を見直そうと思いました。

第Ⅰ部　子ども理解の意義と原理

Work 2

Episode 2 を読んで，次の①と②について考え，グループで話し合ってみましょう。
①もう一度 Episode 1 におけるサツキの気持ちを考えてみましょう。
②上の①をふまえて，今後サツキにどのように関わりたいと思うか考えてみましょう。

　Episode 2 でミナ先生は，ハナ先生やケイ先生の話から，自分の知らなかったサツキの姿に触れ，Episode 1 の場面でのサツキの姿を思い返し，またその時の自分の関わりを振り返っています。このように，他の保育者から話を聞くことは自分の知らなかった子どもの姿やその姿の捉え方に触れることになります。他の保育者の考えから自分の子ども理解を見つめ直したり，新たな気づきを得たりすることは，「教師が共に学び合う」姿勢に関わるものです。

　Episode 2 で，他の先生の話から，年下のきょうだいがいるサツキが「ずっとお姉ちゃんであること」に気づき，年長の子どもに甘えるサツキの姿を知ることで，ミナ先生はサツキが抱える「甘えたくても甘えられない」気持ちや，保育者に抱っこされているアカネに対するサツキの嫉妬のような気持ちに気づいたと言えます。そして，そのような気づきが自分のサツキに対する関わりへの反省につながっています。ハナ先生やケイ先生にとっても，ミナ先生が接した Episode 1 のサツキの様子を聞くことで，サツキに対する子ども理解を深める機会になると言えます。

　このような「教師が共に学び合う」なかで子ども理解が深まるためには，日頃から保育のなかの子どもの姿を伝え合い，お互いの考えを共有する姿勢が必要です。誰の見方が正しいのかと争うのではなく，それぞれの立場における子ども理解を尊重しつつ，互いの子ども理解を深め，保育に活かすことが重要です。

　また，Episode 2 でハナ先生が「さっちゃんは物心ついた時からずっと『お姉ちゃん』なのよねぇ……」と語っているように，子どもには誕生から現在までの過去と，現在からこれから育っていく未来があります。子どもの「今・ここ」の姿は，その子どもの長い時間の流れのなかにあります。このことは，「長い目で見る」という姿勢にもつながります。

　「長い目で見る」という場合，現在の子どもの姿だけにとらわ

て焦るのではなく、これから育っていくであろう未来を見据えて、その子が育ちの課題を乗り越えられるように支えることが重要です。と同時に、未来だけでなく、その子の育ってきたこれまでの過程も意識して現在の子どもを理解しようとすることも重要です。そうすることで、現在の子どもの姿がまた違った意味をもってより深く理解されることにつながります。

　そして、子ども理解で重要なことは、Episode 2 のミナ先生のように、子ども理解を深めるなかで自分の子どもへの関わりを振り返り、よりよいものにしようとすることです。

3　カウンセリングマインドにもとづく子ども理解

❶ カウンセリングマインドとは何か

　前節で述べたような子ども理解に求められる姿勢は、「カウンセリングマインド」という保育者の専門性に重なるものです。

　カウンセリングマインドとは、「一人一人の幼児の内面を理解し、信頼関係を築きつつ、発達に必要な経験を幼児自らが獲得していけるように援助する」[2]保育者の専門性を指します。「カウンセリング」という言葉が示しているように、カウンセリングマインドは、心理療法のカウンセリングに共通する保育者の姿勢や態度、役割と言えます。カウンセリングと保育は、「心のつながりを大切にする」「相手の立場に立って共に考える」「ありのままの姿を温かく受け止め見守る」「心の動きに応答する」などの点で共通します。[3]

❷ 共感的理解

　前述のカウンセリングに共通する保育者のカウンセリングマインドの特徴のうち、「相手の立場に立って共に考える」「ありのままの姿を温かく受け止め見守る」は、子どもの気持ちを共感的に理解すること（共感的理解）と言えます。

　共感的理解とは、大人の論理で子どもの行動を捉えるのではなく、

[2] 文部省「保育技術専門講座資料」1993年。なお同資料は、大豆生田啓友・三谷大紀（編）『最新保育資料集（各年版）』ミネルヴァ書房に全文が収録されています。

[3] 同上。

> 4 森上史朗「幼児理解からの出発」『幼児教育学』日本女子大学通信教育部,1987年,pp. 21-29。

> 5 倉橋惣三『育ての心（上）（フレーベル新書12）』フレーベル館,1976年,pp. 30-31。

子どもの論理,すなわち子どもの見方や感じ方に立って,子どもを理解しようとすることです。

日本の幼児教育・保育の理論的支柱となっている倉橋の『育ての心』に収められている以下の文章は,共感的理解のあり方を示しています。

こころもち

　子どもは心もちに生きている。その心もちを汲んでくれる人,その心もちに触れてくれる人だけが,子どもにとって,有り難い人,うれしい人である。

　子どもの心もちは,極めてかすかに,極めて短い。濃い心もち,久しい心もちは,誰でも見落とさない。かすかにして短き心もちを見落とさない人だけが,子どもと倶にいる人である。

（…中略…）

　その子の今の心もちにのみ,今のその子がある。

廊下で

　泣いている子がある。涙は拭いてやる。泣いてはいけないという。なぜ泣くのと尋ねる。弱虫ねえという。…随分いろいろのことはいいもし,してやりもするが,ただ一つしてやらないことがある。泣かずにいられない心もちへの共感である。

　お世話になる先生,お手数をかける先生,それは有り難い先生である。しかし有り難い先生よりも,もっとほしいのはうれしい先生である。そのうれしい先生はその時々の心もちに共感してくれる先生である。

　泣いている子を取り囲んで,子たちが立っている。何にもしない。何にもいわない。たださもさも悲しそうな顔をして,友だちの泣いている顔を見ている。なかには何だかわけもわからず,自分も泣きそうになっている子さえいる。

Work 3

倉橋惣三の「こころもち」「廊下で」を読んで感じたこと,気づいたことなどをグループで話し合ってみましょう。

第4章 子ども理解における保育者の姿勢とカウンセリングマインド

　これらの文章にあるように，子どものその時々の繊細な気持ち（こころもち）を捉え，それを受け止め，受容することが保育者の役割として必要になります。その際，子どもの気持ちの原因や解決策にこだわらずに，ただその気持ちに共感することこそが重要であると言えます。

　では，どのようにすれば子どもの気持ちに共感し，寄り添うことができるのでしょうか。森上は共感的理解を可能にする条件として，子どもの非言語的行動も含めて，大人が「子どもと目の高さを同じにする」こと，瞬間的に子どもの内的世界を共有し心を通わせ合う「瞬時性」，大人が一方的に子どもを理解するのではなく子どもも大人の行動や表情から表されるものを感じ取っているという「相互性」，共感の体験を記録したり話し合ったりする「意識化」，の4点をあげています。[6]

　また，津守は，子どもの外部に立って子どもを対象化する「概念的理解」ではなく，子どもの生活に参与して，子どもと関わりながら子どもの行為の意味を理解する「人間学的理解」の重要性を指摘しています。以下の「歩きまわる子ども」という文章には，その「人間学的理解」のあり方が示されています。[7]

[6] 前掲書（[4]），pp. 22-24。

[7] 津守真『子どもの世界をどうみるか――行為とその意味』NHK出版，1987年，pp. 128-129。

歩きまわる子ども

　最近入園したＳ子は，まだ母親から離れない。母親が部屋に座っていれば，庭から室内へと歩きまわっている。水で遊ぶ子ども，砂場にいる子ども，水の流れにいる子どもなどのところに，ちょっと立ち寄ってはじきに立ち去る。母親は言う。「この子は，いつも落ち着きがないんです。家でも，父親が新聞を読んでいるとちょっとそこにいって新聞をとり上げ，上の子が漫画をみているとそこにゆき，私が雑誌をよんでいるとちょっときてすぐいってしまうんです」。そこで私は，「この人は落ち着きがないのでしょうか」と問い返した。Ｓ子は，砂場にいる子どものところへいって立ち止まり，水と遊んでいる子のところに立ち寄り，それから私共のところにきて，じきに立ち去る。しかし，よく見ていると，そこにいる人に視線を少しとどめてから次に移っている。

　私はそのことを母親に告げた。この行動を「落ち着きがない」と言うことは，本当はもっと違う行動であるのに，そのようなことばで理解しているに他ならない。「落ち着きがない」という理解の仕方に対して，外なる行動が，子どもにとって内なる意味を

> もつものであることを考えたいと思ったのである。そして，私も一瞬，そのことを考えはじめ，私なりにそれを推察した。
>
> 　S子は水のところに最も頻繁にゆく。水で遊んでいる子どもをのぞきこむような具合にして，じきに立ち去る。外的な行動に内なる意味はすでにあらわれている。
>
> 　私もS子を部屋の中から見ているだけで，この子どもと親密な関係に入っていない。この日のこの場面では，だれもS子の生活に一緒に参与していない。私もそうである。
>
> 　私は，自分がこのような外的行動をとるときの自分の内的世界を想像してみる。パーティーのとき，私は人々の間をうろうろと歩きまわる。だれかと話しこめば，それで歩きまわる行動は終わる。だれかと関心をわかち合い，存在感をともにすれば，そこにとどまるのである。
>
> 　S子の世界にもう一歩入ってゆけばどうなるだろうか。こう考えると，私のこの子どもに対する接し方が変わってくる。

　この「歩きまわる子ども」に即して考えると，「落ち着きがない」など，子どもの外面的な行動の特徴を捉えることが概念的理解になります。一方で，人間学的理解とは，S子の行動をS子の心の世界と対応させて理解すること，つまりS子の行動の「内なる意味」を理解することであると言えます。より具体的には，人に関心をもっているけれど誰とも親密な関係をもてていないために次々と場所を変える，水遊びに関心をもっており水のある場所に何度も自分から足を運んでいるというふうに，S子の気持ちと行動を理解することであると言えます。

　また，人間学的理解では，保育者自身が「子どもの生活に参与して，子どもに直接応答すること，またこの際，子どもとの関係において自分をさまざまに変化させること」[8]が重要になります。

　さらに，「歩きまわる子ども」のなかで，「私もS子を部屋の中から見ているだけで，この子どもと親密な関係に入っていない」「S子の世界にもう一歩入ってゆけばどうなるだろうか。こう考えると，私のこの子どもに対する接し方が変わってくる」とあるように，子どもと関わる保育者自身の子どもとの接し方や子どもとの関係を振り返ることが，子ども理解を深めるうえで非常に重要になります。津守は「理解の仕方がかわると，子どもと私との関係がかわる」[9]と述べています。

[8] 前掲書（[7]），p. 203。

[9] 前掲書（[7]），p. 131。

つまり，子ども理解とは，保育者がその子どもとどのような関係を築いているかということを反映するものでもあると言えます。子ども理解が否定的なものになりがちな場合，保育者として，自分の子どもとの関係が否定的なものになっていないか，しっかり信頼関係が築かれているのかを反省することが必要になります。

同時に，保育者の子ども理解は修正されるものでもあります。自分の保育者としての関わりを振り返ることで子ども理解が修正され，更新されることが新たな子どもへの関わりを生み出し，その関わりや振り返りがまた子ども理解の修正につながり……という，子ども理解と実践が循環しながら子ども理解は深まっていくと言えます。

Work 4

津守真の「歩きまわる子ども」を読んで感じたこと，気づいたことなどをグループで話し合ってみましょう。また，「子どもが落ち着きがない」場面を想像したり思い出したりして，その時の子どもの気持ちについて話し合ってみましょう。

4 子ども理解を深め続けるために

ここまで述べてきた子ども理解において，保育者に求められる姿勢や子ども理解に関わる専門性であるカウンセリングマインドを身につけ，それをより確かなものにするためには，保育者が自分自身を見つめること，また他の人々と保育について話し合うことなどが重要になります。

保育者の子ども理解は，保育者自身の価値観や子どもに対する見方などの保育者側の要因が影響しています。特に，Episode 1 でのミナ先生のサツキに対する関わりのように，子どもの行動に対する見方が否定的なものになりがちな時，「どうしてあの子はこんなことをするんだろう？」と問うと同時に，「どうして私にはあの子がそんなふうに思えるんだろう？」と問うことが，自分の価値観や見方に子ども理解が影響されていることに気づいたり，それによる自分の子どもへの関わりを見直したりすることにつながります。

また，そのような自分の価値観や見方に気づいたり，それを修正したりするためには，他者と話し合うことが有効です。Episode 2 で，ミナ先生が同僚のハナ先生やケイ先生と話し合うなかで，サツキの行動の意味やサツキの気持ちについて理解を深めていました。このように，他者との話し合いは子ども理解を深め，ひいては自分自身の価値観や見方に気づくことにつながります。

カウンセリングマインドの習得や研修について，東山は，自分自身を知る訓練，自分の人間的魅力を開発する方法であればどのようなことでもよいと指摘しています。カウンセリングマインドとは，他者に対する想像力や共感性など，保育以外の日常の人間関係においても無意識のうちに発揮され，実践されていると言えます。したがって，「保育者として」だけでなく「人間として」自分自身を見つめ，周囲の人々と互いに共感的に理解し合うような人間関係を築く努力が，子ども理解の深まりにつながると言えます。

▶10 東山紘久「幼児教育における心理臨床の今日的課題」『発達』15，1994年，pp. 1-8。

Book Guide 📖

- 倉橋惣三『育ての心（上）（フレーベル新書12）』フレーベル館，1976年。
「こころもち」や「廊下で」など，子どもや母親と接した実際の経験に即して書かれた短い随筆を集めた本です。倉橋惣三の子どもに対する細やかで温かいまなざしと的確な観察眼が感じられるとともに，子どもたちの姿から幼児教育の本質として重要な事柄が平易かつ美しい言葉で綴られています。時代を超えても変わらない保育・幼児教育の本質について考えさせられる本です。
- 津守真『子どもの世界をどうみるか――行為とその意味』NHK出版，1987年。
家庭の子どもの描画や養護学校（現：特別支援学校）での子どもの遊びの豊富な具体例とともに，子どもの行動を外部から客観的に観察するのではなく，行為を内的世界の表現として見る人間学的な子ども理解を論じています。子どもと共に生活する保育者の子ども理解のあり方について深く考えることができます。

Exercise

1. 数名のグループで，自分の好きな物語や絵本などを取り上げ，その物語のなかで主人公の気持ちに共感できる場面について，主人公の気持ちに触れながら紹介し合ってみましょう。
2. 幼稚園や保育所等の映像（教員研修用ビデオなど）を視聴し，以下のことについて話し合ってみましょう。
    ① 映像中の短い場面（1分程度）における子どもの行動を，事実と解釈に分けて書いてみましょう。
    ② ①で書いた子どもの行動の事実と解釈にもとづいて，その場面における子どもの気持ちや，子どもへの援助について話し合ってみましょう。

＊例：新規採用教員研修用ビデオ「幼児とのかかわりを考えるシリーズ」①〜⑩，岩波映像社

第Ⅱ部

子ども理解と援助の方法

第 5 章

保育における観察と記録の実際

友達の捕まえた生き物に興味津々な様子の子どもたち。写真には何人の子どもが映っていますか？ また，この写真を，言葉で説明したり，写真から読み取れることを短い文章で書いたりしてみましょう。

子どもの頭を数えると4人のように見えますが，足を数えると6人の子どもがいることがわかります。目で見たものを言葉で説明しようとすると意外と難しかったり，同じ姿を見ているのに人によって表現の仕方が違ったりします。その表現の違いには，自分の感じ方や見方が反映されています。
　保育の観察や記録においては，正確に具体的に「見る」注意深さが必要です。と同時に，単に機械的に子どもの姿を描写するだけではなく，そこから読み取れる子どもの気持ちや，そこに表れた子どもの育ちを読み取ることも必要です。

第5章 保育における観察と記録の実際

1 保育における観察とは

「観察」という言葉は，日常的にも聞き慣れたものです。しかし，改めて保育を「観察するとは？」と考えてみると，それは果たしてどのような特徴をもつのでしょうか。

中澤は，心理学研究の方法としての観察法を観察の事態と形態によって分類しています。

▶1 中澤潤「人間行動の理解と観察法」中澤潤・大野木裕明・南博文（編）『心理学マニュアル 観察法』北大路書房，1997年。

Work 1　保育のなかの観察

図5-1を見て，保育のなかで観察を行うことは，どの観察事態で，どの観察形態に当てはまるか考えてみましょう。

保育者の観察は，保育中の子どもや保育者（自分自身も含めて）の自然の行動を観察することから，図5-1の「自然観察法」に当てはまります。観察形態としては，自分が保育者あるいは実習生として子どもと関わりながら観察する場合は「参加観察法」に当てはまります。ただし，実習生の観察実習や，園内研究などで他の保育者の保育を見る場合など，ほぼ観察者に徹する場合は非参加観察法に近くなります。

また麻生は，「観察」のあり方を，西欧近代科学に源流をもつ「科学的観察」と，日本の文化に深く根ざした「現象的観察」の2種類に分けています。前者は，自然科学の態度で目の前の対象をそ

▶2　麻生武『「見る」と「書く」との出会い――フィールド観察学入門』新曜社，2009年，pp. 23-24。

観察事態	自然観察法 ←――――――― 実験的観察法 ――――――→ 実験法
	（自然な事態のなかの行動を観察する）（対象の行動が生じやすい環境を設定し観察する）（実験室で実験を行い，行動を観察する）

観察形態	参加観察法（観察者の存在を明かす）	非参加観察法（観察者の存在を意識させない）
	交流的観察 ⇔ 面接観察 ⇔ 非交流的観察	直接観察　⇔　間接観察

図5-1　観察事態と観察形態

出所：中澤潤「人間行動の理解と観察法」中澤潤・大野木裕明・南博文（編）『心理学マニュアル 観察法』北大路書房，1997年，p. 5を一部改変。

の背後にある「普遍」（種や類を見る）を求めるもので，後者は目の前の対象を唯一無二の個物として捉え，それをありのままに素朴に見るものです。麻生はこの「現象的観察」を，子どもが昆虫や動物などと接する姿に重ね合わせて次のように解説しています。

> 　自然は私たちを包み込んでいるのであり，知的に分析され分類される外的な対象ではない。クモの巣に光る霞は，それを見つめる子どもの心象風景の中で，置き換え不可能な独自の意味をもっている。ポケットの中の朝顔の種は，「ぼくが育てた」特別な種であり，それは決して店で売っている朝顔の種と交換可能ではない。子どもはアメンボに出会い，心の中で「アメンボさん，水の上滑るの楽しい？」と尋ねているのかもしれないのである。また，今出会っているアメンボは，昨日出会ったアメンボさんと同じなのだろうかと考えているのかもしれない。ウサギ小屋のウサギたちを世話する園児たちは，ウサギ一般を世話するわけでは決してない。そこでは，お母さんウサギや，お父さんウサギや，ふとっちょウサギや，赤ちゃんウサギや，耳黒ウサギなど，個体識別されたウサギの世話をするのである。
> 　私たち日本人にとって，「観察」とはこのように，まず目の前の具体物をありのままに捉えることを意味している。私たちは，ウサギという「種」の一例として目の前のウサギを観察するのではなく，例えば「うさ子」という名のうさぎを観察しているのである。観察によって，私たちはウサギ一般を理解するのではなく，まず「うさ子」を理解するのだ。

　この文章にある観察のあり方は，保育者を志すみなさんにとっては馴染み深いものではないでしょうか。それは，単に文中のような子どもと生きものとの関わりを身近に感じるということではありません。子どもがウサギに接し理解する際に「ウサギ一般」ではなく，まず「うさ子」を理解するということが，保育の世界に身を置くみなさんには自然なこととして感じられるのではないでしょうか。
　保育者は，乳幼児期のそれぞれの月齢・年齢の時期の子どものおおまかな特徴を理解しています。しかし，保育者が子どもに接し理解する際には，それらの特徴を目の前の子どもに当てはめることを第一の目的とするのではなく，まずは「かけっこの好きな〇〇ちゃん」「ブロック遊びが好きな△△くん」「メダカに興味津々の□□

ちゃん」というように，個々の子どもの具体的な姿をふまえ，それぞれに固有の名前をもった存在として理解しようとしているのです。したがって，保育者の観察は，麻生が指摘する「現象的観察」と重なるものであると言えます。では次に，保育の観察における，子どもを見る見方の特徴について，さらに詳しく理解していきましょう。

2 保育の場で子どもを「見る」とは

　保育者が子どもを観察することは，それは単に子どもを「見る」ことではありません。「子どもが自分の視界のなかにいる」イコール「見ている」ということにはなりません。子どもを見ることが子どもを理解することにつながり，その理解が子どもの育ちを援助するものであるように，「見る」必要があります。

　たとえば，ブランコで遊ぶ子どもたちの様子を見て「子どもはブランコが好きだなぁ，私も小さい頃はよく乗っていたなぁ」という感想をもつにとどまっていては，保育者の「見る」にはなりません。保育者として同じ様子を見る場合，子どもがブランコで安全に遊べる環境になっているか，子どもはブランコに乗って何を経験しているのか（何を楽しいと感じているのか），ブランコで遊ぶなかで子ども同士はどのような関わりをしているか，またそれに保育者はどのように関わるべきか，といった，保育者としての自分の行為と結びつけて考え行動します。それが，保育の場で子どもを「見る」ということなのです。

　その場合，保育者の子どもを見る視点や見方として重要なことは，①共感的に見る，②関わりながら見る，③子どもを取り巻く関係を見る，の3点があげられます。これらを含むことで，保育者の「見る」ことが，厚みのある子どもを理解することにつながります。

❶ 子どもを共感的に見る

　保育のなかで子どもを見る時には，子どもの行動を共感的に見ることが重要です。保育者を目指すみなさんは，もともと「子ども好きな人」である場合が多いと考えられるので，言われなくとも子ど

もを見る時には自然と，子どもの気持ちに寄り添った温かいまなざしを向けているかもしれません。

しかし，保育のなかで出会う子どもの姿は，「かわいらしい」「ほほえましい」ものばかりではないでしょう。時には「なぜ，こんなことをするの？」と首をかしげたり，思わず「かわいいと思えない」と感じてしまったりすることもあるでしょう。

たとえば，保育室のままごとコーナーにある食べ物やお皿・お椀，ぬいぐるみなどを全部一人占めしようとする3歳のAくんがいたとします。保育者であるあなたはAくんに対して「他の子にも貸してあげればいいのに」「仲良くみんなで使えばいいのに」と感じてしまうかもしれません。しかし，Aくんとしては好きな遊具を使って遊びたい一心であったり，他の子の気持ちまで考える余裕がなかったりしているのかもしれません。また，Aくんが家庭で大人に囲まれて，おもちゃを自分一人で好きなだけ使える生活をしてきたとすれば，入園当初は何でも一人占めしてしまうのは無理もないと言えます。そのようなAくんの気持ちや育ちを理解しつつ，保育者は少しずつ他の子も使いたい気持ちをもっていること，おもちゃを譲ってあげて「ありがとう」と感謝されるとうれしいこと，他の子とおもちゃを一緒に使って遊ぶと楽しいことに気づけるような，援助をしていきます。つまり，大人（自分自身）の価値観や基準だけで子どもの行動を「良い／悪い」と決めるのではなく，そのような行動にいたる（そうせざるを得ない）子どもの気持ちも含めて子どもの姿を理解しようとすることが「共感的に見る」ということなのです。

このような共感的に見る姿勢は，「カウンセリングマインド」という保育者の専門性に通じるものです。「カウンセリングマインド」とは，「一人一人の幼児の内面を理解し，信頼関係を築きつつ，発達に必要な経験を幼児自らが獲得していけるように援助する」ことを指します。カウンセリングの場面で，カウンセラーが相談者（来談者）の気持ちを自分のことのように感じ，相談者を共感的に温かく理解しようとする姿勢と共通点が多いことから，このように呼ばれています。

❷ 子どもと関わりながら子どもを見る

普通「見る」という言葉からは，相手（対象）から距離をとり，

➡3 カウンセリングマインドについては，本書第4章も参照してください。

➡4 文部省「保育技術専門講座資料」1993年。

相手に触れずに眺める状態が想像されるかもしれません。しかし、保育者の観察では、子どもから一定の距離をとって見ることよりも、関わりながら子どもを見ることが多いでしょう。実践に根ざした「人間学的な」子ども理解で知られる津守は、次のように述べています。

> 子どもの生活に参与する保育の実践においては、おとなは子どもと一緒に生きているから、子どもを対象化して行動を観察していない。子どもとの応答の中で、自分の全感覚をはたらかせて、子どもの行為を知覚し、子どもの世界に出会う。

保育者は、子どもに関わりながら子どもを見ることで、子どもの行動の意味をより細やかに捉え、「子どもの世界」に出会います。たとえば、いつもは元気に登園してくるBちゃんが、ある日なぜか不機嫌な表情で登園してきた場面を想像してみましょう。Bちゃんに「おはよう」といつも通り声をかけても返事がなく浮かない顔をしています。そこで、保育者が「あら、Bちゃんどうしたの、お顔見せて」と抱っこしてあげると、Bちゃんの表情がゆるんで保育者に体を寄せて甘えてくるかもしれません。あるいは、Bちゃんは抱っこされてもなお表情を固くしてうつむいていたり、しばらく抱っこされた後にままごとコーナーで他の子と遊びはじめたりするかもしれません。いずれにしても、声をかけて抱っこをするという関わりを通して、保育者は、Bちゃんのいつもと違う様子が単に眠いだけなのか、それともうまく言葉にならないしんどい気持ちを抱えているのかなど、Bちゃんの気持ちを理解する手がかりをつかんでいくのです。

このような場合、子どもが保育者に甘える、他の子と遊び出すといった具体的な行動は、その子どもの行動として独立したものではなく、保育者の醸しだす雰囲気、言葉かけの内容、遊具の準備の仕方などと関連しています。子どもと関わりながら、子どもだけでなく自分自身の保育を振り返ることが重要になります。津守は養護学校（現：特別支援学校）における自分自身の保育経験から、学校の玩具を家に持ち帰ろうとした男児に対して、玩具を家に持ち帰らせなかった事例を振り返りこう述べています。

▶5 「人間学的理解」とは、子どもの外部に立って子どもを対象化する理解の仕方ではなく、子どもの生活に参与して、子どもと関わりながら、子どもの行為の意味を理解しようとすることです。子どもとの関係における自分自身の行為を省察することが重要になります。

▶6 津守真『子どもの世界をどうみるか──行為とその意味』NHK出版, 1987年, p.134。

▶7 同上書, p.132。

> 　子どもが意地を張るときは，たいがい，おとなが先に意地を張っている。子どもの世界に参与するというのは，おとなが自分の考えを捨てて子どもの考えに従うというのではない。おとなは，自分の考えを何らかの仕方で子どもに表現しながら，子どもの世界に耳を傾けるのである。そのときに，おとなが自分の考えや感情に固執し始めたら，参与する関係は崩壊する。

　つまり，子どもと関わりながら子どもを見ることは，自分の関わりを振り返り，見つめ直すことでもあるのです。➡8

❸ 子どもを取り巻く関係を見る

　子どもを見る時，子どもだけを見るのではなく，子どもを取り巻く関係を見ていくことも重要になります。子どもを取り巻く関係を見ることで，子どもの行動の意味をより的確に捉えることにもつながります。

　たとえば，自分が担任しているクラスに自分の思い通りにならないと他の子を叩いたり蹴ったり，暴言を吐いたりする4歳児Cくんがいたとします。これまでに述べてきたことをふまえると，保育者として関わりながらCくんの行動を細かく見ることで，どんな状況（他の子の遊びに入れてもらえなかった時，一斉活動など自分のペースで行動できない時など）でそういう行動をしやすいのか，そういう行動をした時にどんな対応をすると気持ちが立ち直りやすいかなどを知ることができるでしょう。それに加えて，Cくんが周囲の人とどのような関係をつくっているか，どのような人間関係がその子を取り巻いているかを理解することで，さらにCくんに対する理解が深まります。

　Cくんのお母さんと個人面談をした時に，お母さんから涙ながらに次のようなことが語られたらどう感じるでしょうか。「Cは生まれて間もなく心臓の病気があることがわかり何時間にも及ぶ大手術をしたんです。4歳で幼稚園に入るまで入退院を繰り返しました。入院中はしたいことを我慢しなくてはいけないことも多かったので，家のなかではできるだけCのしたいことを制限しないようにしてきたんです。それで甘やかしてしまったのかもしれませんが……」と。

➡8　子どもに直接関わらずに子どもを見ることに意味がないというわけではありません。時には子どもと距離をとって子どもを冷静に客観的理解できる側面もあります。しかし，その場合も，保育者は子どもに対する共感的な姿勢を忘れてはならないでしょう。

このような，幼稚園入園以前の経緯やその背景にある親の思いを知ると，園での行動が，Cくんの生育歴や生活経験に深く関わっていることがわかります。またCくんの生い立ちと保護者の姿勢には共感できる部分があります。同年齢の他の子どもに比べて社会的な経験が少ないことが，幼稚園でのCくんの行動と関わっていることが理解されるのではないでしょうか。

さらにCくんと他の子との関係を見て，トラブルの発端はCくんではないのに，トラブルが起きるとつい「Cくんが悪い」と決めつけるような雰囲気があることに気づくと，Cくんの行動がそうした他の子のCくんに対する偏った見方からも醸成されてきていることがわかるのではないでしょうか。そして，クラスの子がCくんをそのように見てしまう背景に，保育者のCくんに対する見方や態度（「Cくんはトラブルメーカーだ」など）が影響している可能性もあります。保育者の子どもに対する見方や態度は，無自覚であることが多いことから，保育者は自分自身の子どもに対する見方や態度，関わり方に自覚的になる必要があります。

このように子どもを，彼らを取り巻く関係も含めて見ることは，保育者の配慮がより必要とされる子どもや，保育者にとって気になる行動が見られる子どもの場合には，特に重要となります。特別な配慮を必要とする子どもと他の子どもとのトラブルが生じた際に，その子ども自身の行動にのみ原因を求めてしまいがちにならないように，子どもの行動は常に周囲との関係のなかで生じるものであることを忘れてはいけません。子どもの発達や問題行動は，子ども個人の要因で生じるのではなく，子どもと保護者・保育者，子ども同士，保護者と保育者など，家庭・園・地域といった子どもを取り巻く関係性や社会文化的文脈を考慮して捉えることが不可欠です。[9]

▶9　藤﨑眞知代「現場から見た発達」藤﨑眞知代・本郷一夫・金田利子・無藤隆（編著）『育児・保育現場での発達とその支援』ミネルヴァ書房，2002年，pp. 2-14。

3　保育における記録とは

保育のなかで，自分の保育を記録することは，子どもと関わることと並んで重要な仕事です。それは，子どもを見ることをより確かなものとする行為でもあります。

❶ なぜ記録をとる必要があるのか

　保育者が記録をとるのはなぜでしょうか。保育の記録は必要だとわかっていても，書くことのしんどさから疎ましく感じたり，記録することが惰性になってしまったりすることもあるかもしれません。改めて記録の意味を考えてみましょう。

　まず何よりも，記録は自分の保育を振り返るためにあります。保育の記録を書くことによって，保育中の自分の行動や感情を改めて振り返り，意識することができます。保育を振り返ることは同僚の保育者と話すことによってもできますが，書くという行為は，自分の行動や感情と冷静に向き合うことにもつながります。また，書いたものは形として残るので，時間を越えて自分の保育を振り返ることを可能にします。

　たとえば，新入園の3歳児クラスの担任保育者であれば，2学期になって1学期の4月の記録を読み返すことで，保護者と離れがたかったなどの入園当初の様子などと比較して子どもの成長を実感することができます。また，子どもの成長の過程を振り返ることを通して，それぞれの子どもについての理解を新たに深めることができます。さらには，自分自身の保育者としての子どもの理解やそれにもとづく関わり方，具体的な環境構成や教材研究が適切であったかどうかも時間を置くことで冷静に振り返り，反省することができます。

　次に，言葉にすることで，自分の保育を他者に伝えることができ，他者と分かち合うことができます。保育を伝え合うことは，話し言葉によっても可能ですが，文章として残された記録があることで，話し合いを深めたり，考えていることを伝え合ったりすることがよりスムーズになります。保育カンファレンスや園内研究会の際にも，具体的な事例や子どもの状況をまとめた資料があることで，漠然とした印象や曖昧な記憶に頼ることなく，話し合いを進めることができます。

　しかし，保育は振り返るため，伝え合うためだけにあるのではありません。記録による振り返りと伝え合いが明日以降の保育につながることが重要です。河邉は，「保育に生きる記録」の意味として，「記録が次の保育の構想につながる」こと，「自分の保育に対する枠

組みを自覚し，広げること」の２点をあげています。

　１つ目の「次の保育の構想につながる」というのは，自分の保育を記録し振り返ることは，振り返ることで終わるのではなく，それを明日以降の保育に活かすという意味です。あらかじめ指導計画を立てて行っていても保育には常に反省が伴います。たとえば，ある保育者が秋に「どんぐりや落ち葉を使って動物（ウサギ，クマなどの顔）をつくる」という活動を計画したとします。実際の保育のなかで，興味を示さず，活動に参加したがらないＤちゃんがいた場合，Ｄちゃんが活動に参加したがらなかった理由を振り返り，配慮が足りなかった点やもう少し工夫すべきだった点を見出していきます。記録を書くなかで，Ｄちゃんの姿が製作活動に対する苦手意識から生じていることや，Ｄちゃんが最近好きな遊びがテレビアニメの音楽に合わせて友達と一緒に踊ることであることに気づいたならば，保育者はＤちゃんが興味をもつように，どんぐりを使った楽器（マラカス）や落ち葉で踊り用の髪飾りの製作を提案し，一緒につくろうと誘いかけたり，まず保育者がつくってみせたりすることを考えるかもしれません。このように，保育を記録することにより自分の保育を振り返ることができ，次の保育の構想につながっていくのです。これは，記録を通して一人一人の子どもについての理解を深めることでもあります。

　２つ目の「自分の保育に対する枠組みを自覚」するというのは，記録によって保育を振り返る際に，記録の背後にある子ども観や保育観といった保育を捉える枠組みを自覚することです。先ほどのＤちゃんの例で考えてみると，子どもが活動に取り組むことで保育の良し悪しを判断する保育観をもっていた場合，保育者はＤちゃんの姿を活動に意欲的でない姿として否定的に捉えてしまうかもしれません。しかし，子どもが活動に「取り組むかどうか」よりも「どのように取り組んでいるか」が重要であると考えていれば，Ｄちゃんがなぜ参加しないのかを丁寧に読み取り，Ｄちゃんが意欲的に参加するようになる教材や関わりを工夫していくことになるでしょう。このような保育観（子ども観）は，保育者自身にとっては「当たり前」となっているがゆえに普段は意識しにくいものですが，記録を書くこと，またそれを他の保育者に読んでもらい意見を交わすことがそれに気づくきっかけになります。

➡10　河邉貴子『遊びを中心とした保育──保育記録から読み解く「援助」と「展開」』萌文書林，2005年。

第Ⅱ部　子ども理解と援助の方法

❷ 保育記録には何をどのように書けばよいのか

　保育の観察が明日の保育に生きるものとなるためには，具体的にどのような記録を書けばよいのでしょうか。記録にはどのような内容が盛り込まれているべきでしょうか。どの程度詳しく書けばよいのでしょうか。

Work 2　3種類の保育記録

　次の(1)～(3)の3種類の保育の記録を読んで，みなさんはどう感じますか。保育の記録としてはどの書き方がよいと思いますか。その理由は何ですか。

(1)　Kくん，探索活動がさかんになってきた。

(2)　Kくんは散歩の途中，いろいろなものに興味をもち，いちいち試してみたがるので，ずいぶん時間がかかってしまった。

(3)　Kくんの散歩。
　　バスが来る。指さして「ケンモ，ケンモ」といいながらじっと見送る。（ケンモノリタイの意）
　　歩道わきに積んである庭石によじのぼろうとする。ちょっと手をそえて助けてやると，上（50センチくらい）までのぼり，両手をとってとびおりさせてくれと身ぶりでせがむ。モットのくりかえしでとうとう10回。こちらがくたびれて強引にその場を離れさす。
　　次は，敷石にはうアリを見つけて後戻り。とうとう座り込んで指でつぶそうとけんめいになっている。
　　広い道に出ると，手をふりきってかけだす。左右に身体をゆすりながらもだいぶリズムにのってきて早くなった。ヨーイドンとさそってやって園まで連れ戻す。
　　3分もあれば帰れる道のりを，なんと15分もかかって帰ってきた。

▶11　吉村真理子『保育実践の創造——保育とはあなたがつくるもの（吉村真理子の保育手帳①）』ミネルヴァ書房，2014年，p. 70。

▶12　同上書，p. 71。

　この3種類の記録は，保育所の子どもたちが近くの公園に散歩に行った時の1歳7か月のKくんについての保育者の記録です[11]。

　これらの記録に対して吉村は，次のように述べています[12]。

(1)　ではあまりに省エネすぎてわかりません。電報を打つわけではないし，こんなに字数を制限することはないです。

(2)　は，なるほどそういう場面で，とわかりますが。スペースがあったら「いろいろな」の興味の内訳をあげてほしい気がします。この記事では，1歳半でも2歳でもあてはまります。

(3)　のばあいは，いかにも1歳7か月児らしいKくんのようすが具体的に書かれていてよくわかります。そのうえ，運動発達の

第5章　保育における観察と記録の実際

> ことも，興味の対象例も，ことばも，保育者に対する親しみと
> 信頼も，Kくんの性格もわかる気がします。

　これらの記録に対する指摘にあるように，保育の記録は，(3)のように子どもの行動の様子をある程度具体的に書くことが必要です。(2)と(3)の記録を比較するとわかるように，(2)の「いろいろなものに興味をもち」「いちいち試したがり」というKくんの様子を(3)にあるように，「バス」を指さして見送ったり，「庭石によじのぼろうと」したり，「敷石にはうアリ」を指でつぶそうしたりする姿として具体的に書くことで，Kくんの行動とKくんの興味に丁寧に付き合う保育者の関わりが具体的な姿として生き生きと伝わります。

　しかし，当然ながら登園から降園までの1日の保育の様子をすべて具体的に網羅して書けばよいというわけではありません。新聞に昨日の日本中・世界中の出来事すべてが書かれているわけではないように，必要な内容を取捨選択して書くことになります。

　記録をどの程度詳しく書くか，という明確な基準があるわけではありませんが，その場面を見ていない人が記録を読んで出来事の経過や子どもの行動とその内面が大まかに理解できる程度の具体性は必要となります。

　河邉は，必要な内容を的確に含み，事実の羅列だけで終わらない記録のポイントとして「遊び課題」と「仲間関係」の2つをあげています。[13]「遊び課題」とは子どもが遊びのどこに面白さを感じているかという遊びの動機づけであり，「仲間関係」とは具体的な遊びにおける子ども同士の関係のあり方のことです。

　たとえば，「遊び課題」と「仲間関係」を考慮すると，4歳の男児数名が園庭でバッタやダンゴムシなどの虫捕りをしていた場合，男児たちは虫捕りの何に面白さを感じているのか（遊び課題），男児たちの関係（仲間関係）はどのようなものなのかを読み取ります。「遊び課題」に注目すれば，虫捕りの面白さは虫を捕まえること，捕まえた虫を育てること，捕った虫を見せ合うことなど，さまざまな楽しみがあり，それらを区別し具体的に書きます。「仲間関係」に注目すれば，虫捕りをする男児たちは以前からいつも一緒に遊んでいるグループなのか，普段はそれほど一緒に過ごさないが虫捕りという共通の目的で集まったのか，そのグループのなかでリーダーとしてみんなを引っ張っている子は誰か（あるいは，力関係が固定し

[13]　前掲書（[10]），pp. 59-60。

て居心地の悪い思いをしている子はいないか）などを具体的に書きます。

❸ 保育記録の具体的な書き方とは

　保育記録の形式には決まったものがあるわけではありません。保育者養成校や園・組織等によってさまざまな形式があります。保育者養成校の学生が書く保育記録では，保育（教育）実習の実習日誌のような一日の出来事を1〜2ページに横書きで書く場合が多いかと思います。また，園・組織等では，日案や週案といった短期指導計画のなかに保育の反省・評価として記録を書き込む場合もあれば，保育日誌として指導案とは別に保育記録を書く場合もあります。さらに，個々の子どもについては別途記録用紙等を設けて重要と感じられた事柄を随時記入している場合もあります。

　また，保育記録は文章だけでなく図や画像を取り入れるなどすることでより具体的でわかりやすいものとすることができます。以下では，すべてを文章で書く日誌とは異なる，図を盛り込んだ記録の書き方を紹介します。

① 環境図を用いた記録

　図5-2は河邉による「保育マップ型記録」です。[➡14] 保育室等を俯瞰的に図示した環境図を盛り込んだ記録は，複数の場で同時に展開する遊びを捉えることができ，今日の保育を明日の保育につなげるうえで有効な形式です。

　図5-2では「基地ごっこ」「トンボのバレエ団」などの遊びがどの場所で，誰が参加して行われたかが具体的に記述されています。保育室やホール，園庭などで同時並行して行われる複数の遊びを思い浮かべる保育者の頭のなかが図示されている形式と言えます。

　「保育マップ型記録」では，環境図を取り囲むようにして，人間関係やモノを含んだ空間との関係を視点に，子どもの言動から読み取った子どもが感じている遊びのおもしろさや経験していることが具体的かつ簡潔に書かれます（図5-2の「A」の欄）。それに加えて，左右の端の欄（図5-2の「B」の欄）には遊びの姿にもとづく，次に必要な経験（保育者のねがい）とそれに向けての保育者の具体的な援助の可能性が書かれています。このように「保育マップ型記録」はその日の子どもの遊び全体を俯瞰しつつ，内側から外側に向

➡14　河邉貴子「明日の保育の構想につながる記録のあり方──『保育マップ型記録』の有用性」『保育学研究』46(2)，2008年，pp. 109-120。

第5章　保育における観察と記録の実際

サンプルC（保育歴12年目）保育マップ型記録

11月25日　2年保育5歳児さくら組
在籍　男児21，女児14　計35名
前日欠席0

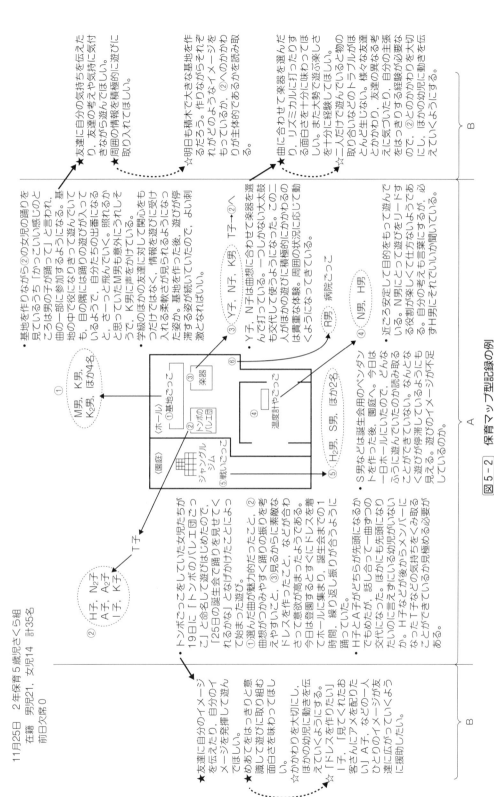

図5-2　保育マップ型記録の例

出所：河邉貴子「明日の保育の構想につながる記録のあり方──『保育マップ型記録』の有用性」『保育学研究』46（2），2008年，p. 117。

かって，子どもの姿の読み取りから次の保育の構想への一連の展開が記録できる形式となっています。

②「空間経過記録」

図5-3，図5-4は，筆者が用いている観察記録の形式です。左端の欄が時間の経過を示し，上部に場所の名前が観察された場所を示しています。図5-3では3歳児での保育室の積み木遊びの様子を中心に，積み木の積み方や子ども同士のやりとりなどが具体的に書かれています。この「空間経過記録」の大きな特徴は4つあります。

1つ目は，特定の子どもや活動，場に焦点を当てつつも，同じ空間（保育室であれば保育室全体。保育者・観察者が見渡せる範囲）にいる他の子どもたちの動きや声を書き込めることです。保育は，同じ時間と同じ空間のなかで子どもたちがさまざまな活動を行い，直接的，間接的に影響し合いながら展開します。図5-3で，積み木をめぐって生じた男児のいざこざは，ままごとコーナーで女児が積み木をたくさん使ってテーブルをつくっていたことから間接的に影響を受けています。

2つ目は，時間の経過に沿った活動の展開を捉えることができることです。子どもの遊びは時間とともに内容も変化していきます。同じメンバーで同じ遊びをしているように見えても，詳しく見ると遊びの内容や子どもがおもしろさを感じている点が変化していることがよくあります。時間軸上のある時点の姿だけでなく，その経過，遊びの過程を流れとして捉えることができます。この点は，図5-3のなかでは長く伸びた矢印によって表現され，積み木をめぐるいざこざの展開がわかります。

3つ目は，図を盛り込むことによって子どもや保育者の行動を具体的に詳しく書けるということです。子どもが遊びでつくるものなどを絵に描くことで，子どもの遊びを具体的に詳しく理解することができます。絵は，子どもの身体の動きや子どもの位置など，言葉では表現しづらい非言語的な情報をわかりやすく記録することに向いています。図5-3のYが積んだ積み木の絵からは，Yがたくさん積み木を使いたかったことが推測されます。また，図5-4のように1つの遊びをクローズアップして詳しく書くこともできます。

4つ目は，図5-3にあるように，観察者である筆者が感じたことを他の文とは別に波線で囲むことで，自分自身が感じたことを他

第5章 保育における観察と記録の実際

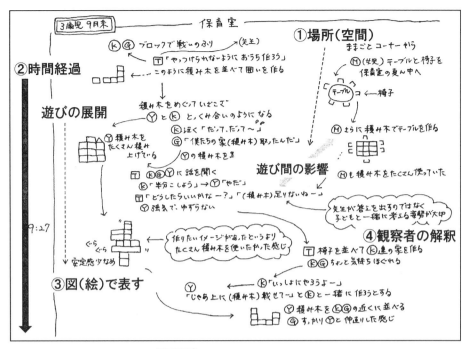

図5-3 空間経過記録の例（1）

→出所：砂上史子「幼稚園教育における観察と記録の重要性——幼児の内面をとらえる視点と記述」『初等教育資料』856，東洋館出版社／文部科学省教育課程課／幼児教育課，2009年，p. 81を一部改変。

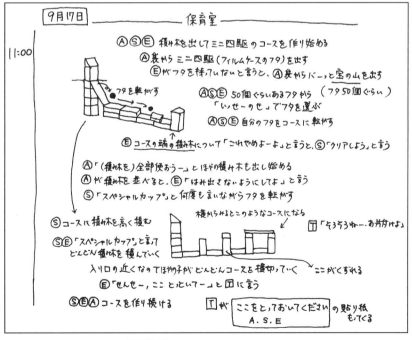

図5-4 空間経過記録の例（2）

→出所：砂上史子「観察のまど　子どものにわ(6)フタ転がし遊びでの子どもの経験」『幼児の教育』108(11)，日本幼稚園協会／フレーベル館，2009年，p. 32から一部抜粋。

の記述と区別できます。これは記録における「事実」と「解釈」を混同しないためにも有効です。

この「空間経過記録」は1つの場所での遊びを詳細かつわかりやすく記録することができる一方で、園内の異なる場所で同時に展開する遊びを記録することにはあまり向いていないという限界もあります。したがって、この形式は、教育（保育）実習の観察実習や、主に1つの場所で観察する場合に向いていると言えます。

❹ 記録をもとに保育を共有する

これまでに述べてきたように、保育記録は自分の保育を振り返り、明日の保育をよりよいものにしていくためのものです。自分自身が書き・読むことと合わせて、それを他の人に読んでもらいコメントをもらったり、記録をもとに意見を交換したりすることも記録を通して保育を高め合ううえで有効です。他の人の記録に触れることも、子どもや保育のあり方について新しい気づきを得ることにもつながります。

Book Guide

- 麻生武『「見る」と「書く」との出会い──フィールド観察学入門』新曜社、2009年。
  中学生の幼稚園観察実習と大学1年生の基礎演習の授業から、豊富な事例を通して観察するとは何か、観察したことを言葉で表現するとはどのようなことかという問いに迫っています。「見る」ことと「書く」ことの根底にある難しさと複雑さに気づくことができます。
- 河邉貴子『遊びを中心とした保育──保育記録から読み解く「援助」と「展開」』萌文書林、2005年。
  遊びを通して子どもたちが発達に必要な経験を積み重ねていく保育について「園での子ども遊びをどう読み取るか」「子どもが遊びのなかで育つことをどう捉え、どう保育を構想するか」ということを、実践記録を通して具体的に述べています。個人記録、環境図記録（本章の「保育マップ型記録」にあたる）など、さまざまな記録の形式や、保育の記録の取り方と活かし方を学ぶことができます。

Exercise

1. 幼稚園や保育所の子どもの遊びの映像（教員研修用映像など[＊]）を視聴し，以下のことについて話し合ってみましょう。

    ①子どもがどのような気持ちかを想像し，グループで話し合ってみましょう。

    ②映像のなかの子どもの遊びの「遊び課題」と「仲間関係」は何か考え，グループで話し合ってみましょう。

    ＊例：新規採用教員研修用ビデオ「幼児とのかかわりを考えるシリーズ」①〜⑩，岩波映像社

2. 幼稚園や保育所などで1時間程度保育の様子を観察し，以下の方法で記録を書いてみましょう。

    ①「保育マップ型記録」の形式にならって記録を書いてみましょう。

    ②「空間経過記録」の形式にならって記録を書いてみましょう。

第6章

記録にもとづく保育カンファレンス

子どもたちの遊びの展開の記録をもとに，みんなで振り返り，語り合っています。このような語り合いは何のために行われているのでしょうか？また，この写真のように，それぞれの参加者が笑顔で生き生きと語るために必要なこととは何でしょうか？

保育とは，日々，多様な子どもたちとの関わりのなかで，自分なりに，その時々の状況や子どもの思いを捉え，どのように関わるべきかを判断して，実践していかなくてはならず，その都度，自分なりの理解をもとに，子どもへの援助を選択していくことになります。さらに，その瞬間は，一回性のもので，同じ瞬間は二度と戻ってきません。そうした，一回性で複雑な状況において，子どもたちの姿や行為をより丁寧に捉え，適切な関わりができるようになるためには，日々の振り返りがとても重要になります。しかし，自分一人で行う振り返りには限界もあります。自分の見た子どもの姿や自分自身の関わりについて，自分以外の他者と語り合うことで，新しい視点からの発見があったり，自分自身のもっている子どもの見方の癖や，保育への考え方を振り返る手掛かりを得ることができることもあるでしょう。

　本章では，そうした語り合いのもつ意義や語り合いを深めていくうえでの留意点について学んでいきましょう。

1 「保育カンファレンス」とは

Work 1

身近にある「事典」で「保育カンファレンス」「ケースカンファレンス」「事例研究」という語を調べて，整理してみましょう。

「保育カンファレンス」とは何でしょう。「カンファレンス」は会議という意味です。直訳すれば「保育会議」ということになります。稲垣は，医師がケースカンファレンスを行うことで専門的力量を形成するように，教育においても，事例に即した検討を通して教育の専門家としての力量形成をすることが重要である，とカンファレンスの重要性を指摘し提唱しています[1]。

保育においても，文字による記録やビデオなどの記録をもとに，実践者や研究者が対等にそれぞれの見方や判断などを出し合い討議し，子ども理解を深めたり，より適切な援助を探ったり，次の保育を構想することへつなげたりしています。このような話し合いを「保育カンファレンス」と言い，保育者が専門家としての力量を育てるうえで重要な場であり方法です。

▶1　稲垣忠彦『戦後教育を考える』岩波書店，1984年。そのほかにも『授業研究の歩み』評論社，1995年が参考になります。

2 よりよい保育者になるために

Work 2

あなたは，どんな保育者になりたいですか。どんな保育をしたいですか。具体的な場面を思い浮かべながらノートに書き出してみましょう。「子どもにとって」「保護者にとって」の視点から整理してみましょう。また，整理を終えたらグループでも話し合ってみましょう。

❶ よりよい保育を行いたいという思い

保育を志した人はみんな「よい保育者になりたい」「よい保育をしたい」と思っています。誰も「質の悪い保育をしたい」と思って保育者になる人はいません。いま，みなさんがノートに書いたり話し合ったりして整理した理想の保育者や保育はどんなものだったでしょう。おそらく次のような保育者像があったのではないでしょうか。

・子どもの気持ちがよくわかる保育者
・子どもが求めていることにこたえられる保育者
・一人一人の子どもの主体性をしっかり育てる保育者
・子どもと気持ちが通い合う保育をする保育者
・子どもの発達を理解し，適切な判断や援助ができる保育者

❷ 保育の難しさを知る

しかし，残念なことに，専門家としての力をつけ，よりよい保育に向かって保育実践の質を向上させていくのは，そう簡単なことではありません。それにはいろいろな理由があります。

保育は，刻々と変化する人間（保育者）と人間（子ども）の関わりのなかで成り立つものであるため，再現不可能な営みであるという特性があります。つまり，同じ保育者が同じ子どもに対して同じ援助を行っても，お互いが変化し両者の関係も変化しているので同じ結果にはなりません。保育は，化学実験のように何度も繰り返して確かめることができないのです。また，保育者は自分の保育の様子を保育しながら外側から見ることはできません。保育中は「つもり」で行動しているのです。優しく言ったつもり，伝えたつもりでも，子どもにとって厳しかったり，よく理解できなかったりすることが起きるのです。

そして，良かったか悪かったかの判断も難しいところがあります。その時それで良かったけれど後になってみれば悪かったということもあります。ある子には良くても，同じことがほかの子には悪い場合もあります。とても個別的で，複雑な要素が絡み合っていて，絶対的な正解がないという状況依存的で，暫定的だからです。

そこで，一人ではなく，園の同僚や上司など組織全体，保育に関係する仲間や周辺領域の研究者などの力を借りながら，自分の保育を振り返り，良い点は伸ばし，足りない点は努力し修正していく積み重ねが必要なのです。一人では難しくても，仲間と一緒に考え合ったり，聞き合ったり教え合ったりしながら次第によい保育者，質の高い保育を行う人になっていくのです。

3 保育カンファレンスを行うための素材

保育カンファレンスを行う時には，次のような資料をもとにしながら行います。もちろん，実際の保育を観察し，その後でカンファレンスを行うこともあります。

❶ 文字記録をもとに語り合う

従来から園内研修や外部での事例検討会で行われてきた方法で，現在でも広く行われています。「気になる子」について，「遊びの姿と援助」についてなどの概要とともに詳細な文字記録や図などをもとに語り合うことを通して，共通理解を深めたり，今後の保育についての視点を得たりできます。

話し合った後に，それらのキーワードを出し合い，さらにそれらを可視化して共有することもあります（写真6-1，写真6-2）。

活動の記録や個人記録，年間指導計画などと照らし合わせながら一人一人の発達や次への課題，援助の方法などを語り合うこともあります。

写真6-1 園内研修風景

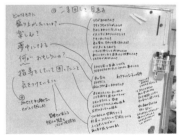
写真6-2 コマ遊びについて考えを整理

文字記録をより理解するために，実際に記録に登場する子どもの役に分かれて子ども同士の会話を台本のセリフのように言ったり，動いたりすることもあります。

❷ 写真をもとに語り合う

写真をそれぞれが持ち寄って，写真をもとに話し合い語り合う方法もあります。たとえば保育室の環境について検討する時に，室内環境とそれに関わる子どもの様子を図と写真で大きく示し，具体的に検討する材料としたりします（写真6-3，写真6-4）。

園外の研修会で，初対面の仲間とグループで話し合う時などにも行われ，話し合いのきっかけとなり，活発な意見交換が行われるという長所があります。たとえば「自分が気になる環境」「いいなあと思った環境」などのテーマで，各自が自分の園の環境写真を持ち寄り話し合うこともあります。あるいは同じ園を見学した見学者が「印象的だった環境」「真似たいと思った環境」「？　と思った環境」などのテーマのもとに1人1枚ずつ写真を撮り，それをもとに話し合うこともあります。

園内研修会でも同様です。保育所の保育研究（対象クラスが行う保育をみなで見合い，午睡の時間や保育後に話し合い検討し合う研修の方法）などで，対象のクラスの子どもの様子を他のクラスの保育者が交代しながら観察し，写真を1～2枚撮り，話し合いまでに印刷しておき，それをもとに話し合うことがあります。

いずれしても，なぜこの写真（場面）を取り上げたのか（持参したのか，撮影したのか）を明らかにすることが重要です。そこに，それぞれの保育に対する価値観が含まれており，それらをお互いに交流させることが，自分の保育を振り返ることにつながるのです。写真はビデオと違って瞬間の視覚的情報のみです。したがって，子どもの活動の流れや変化を捉えることには適していません。また，写真は拡大解釈や新たな物語を創作する可能性もあり，より詳細に子どもの動きや心の変化を捉えることには注意が必要です。

❸ ビデオ映像をもとに語り合う

保育の様子を撮影したビデオ映像をもとに語り合います。ビデオ

写真6-3 室内環境の検討の際に①　写真6-4 室内環境の検討の際に②

映像は市販のものを使う場合と，自園の保育を撮影したものを使う場合があります。市販のものはある意図をもって編集されていて長時間の内容をかなり短くされていることを知っておく必要があるでしょう。自分たちの保育を素材とするには，ビデオカメラとPCやプロジェクター設備が必要ですが，最近は小型で手軽に活用できる機器があり，保育現場では多く行われるようになってきました。映像を見るので時間がかかるという欠点もありますが，工夫によっては保育者が具体的に理解しやすい，共通理解しやすい（共同省察になる可能性がある）方法と言えるでしょう。何よりも，保育者や幼い子どもの「からだ」が語る言葉を読み取ることができることは，保育を捉えるうえで重要な利点と言えます。

❹ その他の資料

子どもの描いた絵や，つくったものをもとに話し合いをすることもあります。入園当初からの絵を時系列に並べて，成長について話し合ったり，子どもたちのつくった制作物をもとにどこに苦労しているのかなどを探ったりすることがあります。そして素材や描画材や課題の出し方，援助の仕方などについて語り合ったりもします。

❺ 外部講師等の参加

上記のどんな方法でも，外部講師を迎えることはあります。日頃，園内の保育者や職員では気づかなかったような視点を知らせてもらえるという点では重要です。外部視点という意味からは，用務職員や栄養士・調理師などが園内研修に参加し，保育者だけでは気づかない見方・考え方を伝えてくれることがあります。近隣の保育関係

者が参加したり，時には保護者が参加することもあります。

また，特にビデオ映像を使用する場合，人員的にゆとりがない保育現場では外部講師を撮影者として招くことも多々あります。保育者が写真ではなく，ビデオを撮影することが，子どもにどのような影響を与えるのかを考えてみる必要もあるでしょう。保育者が子どもと"共にある者"から子どもを"撮影する人"に変化することの影響はないのかなど，この点についても考えてみる必要があるのではないでしょうか。

4 保育カンファレンスの実際と参加者の感想

一口に保育カンファレンスと言っても，園や保育者が抱えている課題や求めているもの，カンファレンスを支える人間関係の状況，などによって，その実際は異なります。このような方法で行えばよい，というものはありません。参加者全体がつくり出していくものです。ここでは，ビデオ映像をもとにしたカンファレンスの実際例のいくつかを見ていきましょう。

❶ 記録を詳細に検討することで見えてくる

Episode 1　初めての型抜き

A児（3歳女児）が砂場の端でしゃがみこみ，黙々と型抜きをしている（写真6-5）。周囲にはいろいろな子がそれぞれ遊んでいる。ぎこちない手の動きで，繰り返し行っているがなかなかうまく型抜きができない。近くで他児と関わっていた保育者がその様子に気づき目の前でやって見せる。A児はあきらめずに繰り返す。

写真6-5　黙々と型抜きをする

保育後にその様子をビデオで見ていた保育者たちは「きっと初めて型抜きをするのね」「こうやって，できるようになっていくのねー」と驚いた様子とともに，失敗するたびに「あーできなかった」「もう少し砂を，もっと砂を（入れないと）」「がんばれ」のような声やため息が聞かれる。

ビデオが臨場感をもって子どもの姿を映し出すために、A児の型抜きの様子に惹きつけられ、共感しながら見ることができています。園内の保育者が、一人の子どもの姿に気持ちを寄せながら見守り、その共感がその場にいる参加者をつなげているのが、保育者たちの声やため息からわかります。

　多くの子どもが活発に遊んでいる砂場のなかで、ひっそりと長い時間をかけて何度も行われる型抜き行為は、ともすると周囲の活気のなかに紛れ「砂場で今日も遊んでいたわ」という理解で終わってしまう可能性があります。しかし、ビデオは特定の姿に焦点化して詳細に見続けることが可能なため、何気ない見落としがちな姿を捉え、それぞれの思いを実感を伴って理解することを可能にするのです。

❷ 遊び理解と援助について振り返る

Episode 2　砂遊びのいろいろ

〈ビデオ場面①〉

　4〜5人の4歳児が「おとしあな」をつくって先生を驚かせようと砂場で穴を掘り始めた。思ったより深く掘れたので、活気にあふれた様子が声や表情や動きから伝わってくる。後から参加した女児が穴に水を運んできて入れた。「もっと、もっと（水を）入れて」と言いながら、穴を深く掘っていく。B児が穴のなかに入り「ほらみてみて。ひゃー」と歓声をあげながら、自分の足首よりも上まで水が溜まっていることを喜ぶ（写真6-6）。

写真6-6　足首まで水に入って喜ぶB児

水のなかで飛び跳ねたり、足をばしゃばしゃと動かしたりする。今度は足首まで砂のなかに埋めて喜ぶ。

　保育後にその様子をビデオで見ている保育者たちは、喜びのあまり衣服が泥水でどんどん汚れていく男児の様子を、みなうれしそうに笑みを浮かべて見ている。まるで男児の楽しさや興奮を一緒に味わっているようだ。「（なるほど）だから。これであんなに汚れたのね」「すごかったものね」「そうそう」と着替えを手伝った保育者は、そのすさまじい汚れ方と濡れ方の理由をビデオで確認し納得している。

〈ビデオ場面②〉

　その時、B児とC児の間がちょっと険悪な雰囲気になる。B児がC児の手を押さえる。C児は持っている船の形の砂場用玩具を水溜まりに入れようとする。B児は、自分の気持ちを押し殺すように「ねっ、ねっ、やらないで。お願いだから」と言うが（写真6-7）、C児は振り払うようにして、少し離れた場

所で，水溜まりに船を沈める。

保育後のビデオカンファレンスで，参加者はそのことに気づいて，ビデオを少し戻して見直す。B児ではなく今度はC児に注目してビデオを見ると，喜びを全身で表しているB児の楽しそうな姿の脇で，C児は，船の玩具を水に押し入れ浮き上がってくることを何度も試していることに気づいた。そして，C児がその発見（船を水に沈めても，浮き上がってくる）を，片付けの声をかけに

写真6-7　お願いしている

きた保育者に，振り返って伝えている様子につなげて理解することができた。さらに，詳細にC児の手元を見ることによって，C児が保育者に伝えたかったのは，船が水に浮くことよりも，浮き上がる時に力（浮力）を感じることを伝えたかったのかもしれない，と思い至った。

ビデオ記録は再生が可能なため，見落として気づかなかったC児の姿を巻き戻し再生することで確認することができました。また，詳細に手元や，言葉や，表情を読み取ることによって「（船の玩具が）水に浮かぶ」ことではなく「浮力を手に感じた感動」を保育者に伝えたかったのではないかと気づくこともできました。保育中には，保育者はC児が自分に伝えようとした感動の中身までは理解できず，C児に言葉をかけていました。保育後の保育カンファレンスで得た気づきは，次からの遊びの見方や子どもの理解につながるのではないでしょうか。

❸ 何気ない日常の保育について語る・聞く場と時間

Episode 3　参加自由なカンファレンス

X保育園では，参加義務のない「保育カンファレンス」が月に1回くらい行われます。撮影対象となったクラスの2人の担任と撮影者（観察者）が話し合うための会として始まったのですが，他のクラスの担任保育者が時間になるとビデオの前に集まってくるようになりました。園内研修会はこの「参加自由な保育カンファレンス」とは別に講師を迎えて行われ，こちらは全員参加となっています。午前中にビデオ撮影，昼食後に子どもたちが午睡をしている間にビデオを一緒に見ます。見ながら語るのも，見て他者の語りを聞いているだけでも，自分の疑問を出すのもよい。仕事が忙しい時には，参加しなくてもまた途中から参加してもよいのです。

困ったことや解決しなければならないことができた時には，保育者たちは集まって話し合います。行事の計画を考える時にも集まって話します。特に楽しかったことがあった時にも話し，共感するでしょう。

このX保育園における自然発生的な参加自由な保育カンファレンスは，"日常の何気ない保育や子どもの姿"について考えたりそれぞれの保育者の考え方や感じ方に触れたりする場を定期的につくり出しています。このような，自由な雰囲気で，保育や子どもについて考える，語る（聞く）場があることは，保育者の専門的力量形成としてのOJTの基本ではないでしょうか。

> 2　OJT（on the job training）
> 日常業務のなかで行われる，組織教育のこと。

❹ ここまでやってもいいの？

Episode 4　次第におもしろくなっていく遊び

〈ビデオ場面①〉

　5歳児D児とE児の2人が砂場で遊び始めた。穴を掘ったり，山をつくったりするがどうもうまくいかない。イメージ通りにならないのか，ほかに気が散っているのか。途中から，水を運んでくるが適当なバケツが見つからず，手押し車や大きな皿状の容器に水を入れて運んでくる。苦労して運んでくる割には，砂場の穴にうまく水が入らなかったり，途中で水がこぼれてしまったりして，遊びをおもしろくすることにつながらない（写真6-8）。ずいぶん長い時間遊びあぐねている（ようにみえる）。

写真6-8　なかなか遊びこめない

　保育後のビデオカンファレンスで，参加者は，この様子を見て，最近砂場の遊具が補充されていないことに気づく。バケツも適当なものがなくなっていることに気づき，明日には用意しようということになった。

〈ビデオ場面②〉

　園庭にいた子どもたちの多くは，遊び終えて室内に入った。誰もいなくなった砂場には，D児とE児だけが残った。砂場には前のグループが遊びこんだ名残の小さな山と池が形をとどめている。F児も加わって，3人はさっそくその山に登り，池をめがけて飛び降りた。「ばっしゃーん」と勢いよく水が跳ねる。音と水しぶきが，3人の表情をがらりと変えた。別人のように生き生きした表情に変わる。活動はエスカレートして，山の上には台になる箱を設置し，さらに水も足された。3人はどろどろになって遊んだ（写真6-9～写真6-12）。

写真6-9　砂遊びがやがて飛び込みへ

写真6-10　砂場の水に飛び込む

写真6-11　汚れるけど楽しい①

写真6-12　汚れるけど楽しい②

　保育後のビデオカンファレンスで、参加者が「ここまでやらせるー?」と笑いながら言う。「いいじゃない」「絶対やると思った。だって、不完全燃焼だもん。今日のふたりは」「これが子どもだよね」。次々と感想が聞かれる。同席している園長は、にこにこしながらうなずいている。若い担任はちょっと目を離したすきに起きてしまったこの事態を、担任としてコントロールするべきだったと感じたのか黙っている。「ちょっと、やりすぎ?」「まずいんじゃない?」という表情で、そのような発言をしていた保育者も、「後始末をきちんとすれば思い切りやらせていいんだ」ということを納得したようだった。

　創立以来遊びを大事にした保育、思う存分遊べる環境を大切にしてきた園でも、創立から10年も経つと、メンバーも入れ替わります。「遊びを大事にする」とか「思う存分遊ぶ」という園の考え方が具体的にどのようなことなのか、どの程度までが許容されるのか、具体的に共通理解することにつながった事例です。

　価値観を共有するとか、お互いの保育観・子ども観を理解し合うことが大切であると言われますが、言葉のうえでの理解ではなく、具体的な子どもの姿やそれを見守る保育者の具体的な言動を通して初めて共通のものになるのではないでしょうか。その意味で具体的な記録をもとにした率直な意見交換ができる保育カンファレンスは意義があると言えるでしょう。

❺ 話し合うなかで出てくる本音

Episode 5　大泣きをするG児に対して

4歳児G児がテラスで大きな泣き声をあげて泣き続けていた。保育後のカンファレンスで，どんなことがあったのか，話題になった。その場面に気づかなかった他の保育者は，ビデオによってその様子を理解した。G児はテラスに座り込み，庭にいるO保育者に向かって泣いている。その様子について話し合いながら，O保育者は，「私だって，一緒に予備の靴を探すなど，散々G児と一緒に付き合った」「そんなに遊びたいなら，汚れた靴で遊ぶしかないのに，それは嫌だという」「G児だけに関わっているわけにはいかない。ほかの子どもも私を求めている」「もう4歳児なのだから，状況を理解して，あきらめて，部屋のなかで遊ぶしかないと思う」と説明した。状況を語っているうちに，O保育者の「もう1人の担任がもっと関わってくれればいいのに，関わってくれない」ことへの不満や，G児を日頃の言動から「わがままな子ども」として捉えていることや「これ以上どう関わっていいかわからない」「G児はあきらめることも経験するべきだ」などの本音ともいえる心のうちが語られた。他の参加者は，そうせざるを得なかった状況や精一杯の対応をしたO保育者に共感しながら話を聞いていた。誰も非難したり責めたりしなかったが，最後に「子どもが"あきらめて"行動を変えるのだけは避けたい」「何とか，その子が自分で考えて，決断して選び取る形で行動を変えるようにはならないか」「親から離れられず泣いている子も，あきらめて泣き止むのではなく楽しいことが見つかって泣き止むようにしたい」という意見が出された。

　保育者が自身の保育を振り返って，専門的力量を向上させていくには，保育者の本音のところに焦点を当てて考えなければならないでしょう。複数で担任している相手の保育者への不満，G児をわがままな子と思っている自身の気持ち，たくさん泣けばそのうちあきらめるだろうという考えから，泣いて訴えているG児の心の叫びに目を背けていては真の成長にはつながりません。それは時に心の痛みを伴うかもしれません。保育者としてのプライドが傷つくかもしれません。そんなに楽しいことではないでしょう。しかし，この保育カンファレンスでは，その本音を語っても大丈夫と思わせる雰囲気や，非難せず，温かく受け止める雰囲気があり，O保育者が自身の本音の部分を見つめることができたという意義がありました。

❻ 保育カンファレンスから実践へ

Episode 6　外部者の思いがけない感想から環境の工夫へ

〈5月〉

　保育室内や園庭での遊びの様子を撮影したビデオを見直しながら思い思いに感想や気づいたことを語り合う。それぞれ気になる子どもの様子を追ったり、「こんなところでこんなことをしていたのね」などと、日頃最後まで見届けきれなかった子どもの遊びの様子を確認したりする。

　話し合いの途中で、外部からの参加者Zが、「それぞれがよく遊んでいるけれど、5歳児が思い切り力を出したり挑戦したりする環境がないのでは」と初めてA園の遊びを観察した感想を述べる。園長をはじめ保育者たちは、思いがけない感想に対して少し考え込む。5歳児ならではの活動は、5歳児だけが集まって行う時間帯に意識して取り入れられているようだが、4・5歳児が混合の縦割りクラスを編制して保育している日常は、保育室のなかでも5歳児らしい5歳児ならではの活動の様子が少ない。

〈6月〉

　園庭のイチョウの木に丈夫なロープが2本（長・短）結ばれ、男女の幼児が入れ替わりながらロープに飛びついては上っていく。保育者は自分たちで、できそうなことを考え、実現できることから実行に移した。その工夫に対して、今までとは異なる姿を見せる幼児が出てきた（写真6-13、写真6-14）。

〈9月〉

　玄関横の細長いスペースに、色水や木工ができるコーナーが常設される。以前から、木工を行うような時だけに利用していたスペースだが、年長児だけが利用できる場として整えられた。「あそびば」と名づけられ、小さな看板が提げられている。

〈その後〉

　ブランコの場を1年を通して、ブランコだけでなくほかの挑戦的な遊びができる場として工夫する（写真6-15、写真6-16）。

写真6-13　銀杏の木のロープにつかまる

写真6-14　その後の様子──かなり巧みになっている

第6章　記録にもとづく保育カンファレンス

写真6-15　初めの頃のブランコ

写真6-16　ブランコの場の変化

　ビデオを用いた保育カンファレンスで，保育者たちは「5歳児ならではの遊びを保障する」という課題を発見し，できるところからできる人が，実行に移していきました。その実行に，子どもたちが反応し，さらに保育者たちの実践を勇気づけたと思われます。環境が工夫されていることに気づきにくい保育者たちにも，継続的に行われる保育カンファレンスで共通理解されるようになっているのです。保育カンファレンスは話し合いのなかだけでなく，そこで得た気づきを実行に移し，それによって変化する子どもの姿を通して確かめていくプロセスが重要です。

　この園では1年半以上をかけて，自分たちの実践を見つめ直しています。そのなかで，当初「なぜ子どもと手をつなぐ保育者が多いのだろう」「なぜ，遊び方や使い方を書いたものや実物見本で示す環境が多いのだろう」「5歳児が思う存分体と知恵を働かせる環境は十分あるだろうか」などの講師からの指摘を，子どもの実態から見つめ直し，自分たちの保育のありようや子ども観，保育観につなげながら課題を発見し改善に取り組みました。その取り組みは現在も続いています。

❼ 参加者の感想──アンケートや意見交換から

　ビデオを使った保育カンファレンスを継続的に行ってきた園の保育者の感想から，いくつかの論点を考えてみたいと思います。

① 被写体になる「緊張」と「学びへの期待」

　ビデオカンファレンスをするうえで，必ず問題とされることは撮られることの緊張についてです。ほとんどの保育者は「緊張する」と書いています。しかし「すごく緊張するのですが，見返すと自分

の保育を客観的に見ることができて」とか「あ、こっちでこの子はこんなことをしていたんだ」「この時もっとこうしたらよかったなと反省することができて」という意見も多くあります。緊張はするけれど一方で、学びが多い方法であることが理解され、怖いけれど「いつか」自分も撮ってもらいたいと思う保育者もいることがわかります。

② 保育者の負担を考慮した頻度や時間

また、時間の長さや回数などの質問に対しては、ほとんどが1～2か月に1回、1～3時間程度を希望しています。日々の仕事の忙しさのなかではこれくらいの頻度で行うのが実際的なのでしょう。保育者の負担にならない頻度や時間で、しかも充実したカンファレンスにするには、いくつかの工夫が必要でしょう。たとえば、映像全体の出来事の流れを簡単に示した資料（撮影者や保育者が見たいと思った部分がすぐに見つかるように）や話し合いの焦点をどこにするかあらかじめ保育者と話し合っておく、などです。ビデオカンファレンスは時間がかかる方法であるという短所を補う必要があります。

③ 情報量が多い映像ならではのよさ

そのほか、映像があると「イメージしやすい」「次にやってみようと思える」「いつの間にか変わっている自分がいる」などの意見もありました。情報量が多く具体的に見てわかるかたちで示されるので、明日からの保育に取り入れたい、活かしたい、やってみたいという気持ちになりやすいのでしょう。また、印象的な場面が心に残されることによって、知らず知らずのうちに理屈ではなく子どもへの見方や感じ方が変わってくるのだと考えます。

④ 撮る人と撮られる人との力関係

撮影者と被撮影者（担任）の間に、指摘する人とされる人という力関係が生まれる危険性について指摘する人がいます。つまり「両者が平等ではない」「対等な話し合いが必要だ」という指摘です。このことについてどう思うか、という問いかけに、ある保育者が「最初は正直ありました。でも最初だけです。だって、保育するのは僕なんですから。今日のカンファレンスをどう受け止めて明日の保育をどうするか、保育するのは僕なんです。そんなの（力関係）

第6章　記録にもとづく保育カンファレンス

なんて関係ありませんよ」ときっぱり答えてくれたのが印象的でした。

⑤ 感想から見えてくるカンファレンスの可能性

　多くの保育者は，自分が無我夢中になって保育している時の映像を撮られることに対して，緊張したり拒否的な感情を抱いたりします。それは「素」の自分をさらけ出すことになるからだと考えます。人間として当然の感情でしょう。また，保育は批判しようと思えばどのようにでも批判の種を見つけ出すことができる「バルネラブル」なものですから，自分の保育映像をもとにみんなで話し合う時に緊張するのは当然な感情だと思われます。しかし一方で，保育者が専門家として成長していくためには，保育者の「つもり」ではなく，保育者が「実際にどのようにしているか」が問われなければなりません。自分の保育に向き合って他者の意見に耳を傾ける必要もあります。しかしそれは，保育者にとって厳しく心の痛みを伴うものかもしれません。その時，精一杯の判断と行為を行っている保育者を温かく受け止め，よりよい保育を一緒につくっていこうとする「同僚」の存在は，どれほど支えになることでしょう。さらに，「なるほど」と納得したり「もっとよく見てみよう，やってみよう」と意欲がわいたりするような充実した保育カンファレンスは，「やってよかった」「また（研修を）やってみたい」という思いにつながると考えます。保育のビデオを見ながら単に「ちょっとした感想を言い合う，おしゃべりの会」ではいけないのです。そこに発見や，驚きや，納得，わからないという課題などが見つかることは，保育者が専門家として成長するスタートに立ったと言えるでしょう。

> 3　バルネラブル（vulnerable）
> 　傷つきやすい，批判を受けやすい，攻撃されやすいということ。保育のような多人数を相手にする対人援助の仕事はマニュアル化しにくく，相手の状況などが複雑に影響し，唯一絶対の正解もないため，批判しようと思えばいくらでも批判の種はあるものです。

5　保育カンファレンスを実施する際の留意点

❶「どうすべきか」より「本当は何が起きているか」を問う

　保育カンファレンスは，すでにある「正解」を探し出すプロセス

ではなく，参加者全員による共同作業によってもっとも適切（と思われる）「答え」を導き出す創造的なプロセスです。そのため「どのように"すべきか"」を問うのではなく，「本当は何が起きているのか」を問題にすることが大切です。

❷「子ども」を楽しむことから

保育カンファレンスにもっとも必要なものは，子どもの世界のおもしろさや不思議さ，大人よりもはるかに考え知恵をしぼってよくなろうとしている子どもの姿を賞味することでしょう。そのために，子どものやろうしていること，考えていること，感じていること，子ども同士の関係などを詳細に「見せてもらう」のです。子どもの姿から「発見する」のです。子どもを「賞味する」というのは，子どもを教える対象や未熟な存在として捉えるのではなく，人間として見ることであり，子どもの真剣さや素直さから私たち大人が学ぶということを意味します。

❸ 多様な考え，価値が交差すること

参加者全員が対等に活発に意見を出し合えるような雰囲気づくりも大切で，どんな意見にも耳を傾ける姿勢が参加者それぞれに求められます。それには司会者（進行役，ファシリテーター）の存在が重要となります。正解をもっていそうな経験者や研究者の意見に左右されるようなことでは，保育カンファレンスの良さは発揮できません。

❹ 共感的に受け止めながら

事例提供した保育者の保育を責めないことは留意すべき重要なことです。多くの場合，保育者自身が一番自分の悪い点をわかっています。すでに終わってしまった保育のあれこれについて，今さら責められても辛いだけで，次への意欲にはつながりません。保育中のその時点で，そうせざるを得なかった保育者の状況を十分に共感的に受け止めることが大切になります。

　　　　　以上述べてきたように，カンファレンスは保育者が保育の質を向上する際になくてはならないものです。保育者が，一人ではなく同僚やその他さまざまな人々と意見を交換しながら，自分や自分たちの行っている保育の実際に向き合い，課題を見つけ，質を向上させていくことが必要と考えます。

Book Guide

- 稲垣忠彦『授業研究の歩み』評論社，1995年。
  授業，学校，教師への関心を寄せ続けた著者の35年にわたる授業研究の軌跡がわかる本です。保育とは異なると思われるかもしれませんが，保育実践を検討していくことや，保育者が育つ「場」はどのようにあったらよいかなどを考えるうえで大変参考になります。特に第Ⅳ部は必読です。
- 岸井慶子『見えてくる子どもの世界——ビデオ記録を通して保育の魅力を探る』ミネルヴァ書房，2013年。
  具体的な事例や写真をもとに，「本当はそこで何が起きていたのか」「子どもの行為や姿の裏にある気持ち」を探り，「子どもを見る」とはどういうことなのかについて考える本です。園内研修やビデオカンファレンスの方法や実際を知り，深めたい現場の保育者や研究者に向けての一冊です。

Exercise

　次のビデオを見て，話し合ってみよう。話し合いの際には，どんな意見も傾聴しましょう。相手が話している時には，話し手に対して反応（うなずく，質問する，自分の考えを伝える，感想を伝えるなど）しましょう。
　○ビデオ名
　　・岩波映像『友だちと出会う「やろか　ふたりで」（幼児理解にはじまる保育④）』
　○話し合いの課題
　　・印象に残った場面や子どもなどを出し合ってみましょう。
　　　同じ映像を見ても，注目点や考えることが異なることに気づきますか。
　　・ゆうだい君は，後ろ向きに転んだ時に「どんなことを感じたか」話し合ってみましょう。
　　　想像してみましょう。
　　・転んだ時に，なぜ泣かなかったのか，話し合ってみましょう。
　　・最後のシーンでゆうだい君が「ギャー」と大きな声で叫び，カメラのほうに寄ってきまし

た。この時のゆうだい君の気持ちについてあなたはどう考えますか。叫びを言葉に変えてみましょう。
・あつとし君，としとも君，ゆうだい君の3人について，それぞれどんな子で，電車ごっこをしながら何を楽しんでいたのか表にして整理してみましょう。3人の違いは見えてきますか。

第7章
保育における個と集団の関係の理解と援助

　最近，子どもたちのなかで隠れ家でのごっこ遊びがブームなのですが，Aちゃんのやりたいことは，他の子どもたちの遊びのイメージと少し違うようです。自分たちのイメージと異なる行動をとるAちゃんを，みんなは困った顔で見つめています。「違うよ！」「そうじゃない！」とAちゃんの行動を否定する声も出てきました。こんなとき，あなたならどうしますか？

多くの子どもたちにとって，幼稚園や保育所などの保育の場は，初めて同年代の子どもたちと「共に」過ごす場であり，多くの子どもたちとの「集団」での生活を経験する場となります。そこでは，「私」の思いと「みんな」の思いのズレに気づく経験にも出会います。そのようなときには，傍らにいる大人が，それぞれの思いを受け止めながら，それを互いに理解できるように伝える援助も大切です。しかし，そうした援助を受けて，その子が相手の意図を理解できたとしても，時には，それが「自分（私）」のしたいこととは折り合わない場合もあるでしょう。そのようなとき，ともすると，「みんな」の世界にいざなうように，集団のルールや規範を教えなければというような発想も生まれがちかもしれません。しかし，単に，既存の集団規範を身につけ，そこに適応できるようになったとしても，必ずしも，それが，子ども自身が多様な他者と共に，それぞれの自分らしさを響かせ合いながら生きていく力につながるとは限りません。
　本章では，一人一人の子どもの「私」の世界と「みんな」の世界がどのようにつながり，その過程を通して，どのように「個」と「集団」が育ち合っていくのか，また，その育ち合いを支える保育のあり方について学んでいきたいと思います。

第7章 保育における個と集団の関係の理解と援助

1 個と集団の育ちの過程

子どもにとって，家庭で生活することと幼稚園や保育所，認定こども園などの保育施設で生活することとの違いはどこにあるのでしょうか。それは，主に同年代の子どもとの集団生活を営む場であることと言えます。では，子どもにとって，同年代の子どもたちと一緒に暮らすことにはどのような意味や育ちがあるのでしょうか。ある男の子のエピソードから探ってみたいと思います。

➡1 内閣府・文部科学省・厚生労働省「幼保連携型認定こども園教育・保育要領解説」2018年，p. 17（「序章」第2節の2の(2)）参照。幼稚園教育要領解説と保育所保育指針解説においても同様のことが示されています。

❶ 自分の世界の充実

Episode 1 たこ焼き100個つくろう

3歳で入園してきたケイくんはさまざまなことに興味をもち，園内のあちらこちらで遊んでいました。しかし，片付けになると必ず「イヤだ」と行ってその場から逃げ出してしまう日が続いていました。

ある日砂場で遊んでいたケイくんのもとに保育者が向かい「もうお片付けなんだけど，たこ焼き，あと何個つくったらおしまいにできる？」と聞きました。すると，ケイくんは「あと，100個」と答えます。保育者は「じゃ100個つくろう」と答え，ケイくんのつくったたこ焼きを食べる真似をして受け止めていきます。おおよそ100個近くつくり終えると，突然ケイくんがたこ焼きの型抜きをかごにポンと戻します。「すごい，片付けできたね」と保育者が言うとケイくんもニッコリ笑いました。

このエピソードの前半，片付けを嫌がるケイの姿にはどんな意味があるのでしょうか。登園を嫌がる様子はなく，むしろ楽しんで園生活をスタートしていたように見えたと保育者は語ります。それにもかかわらず，片付けは嫌がる様子を不思議に思った保育者は，まずケイがどんなふうに園生活を過ごしているのかをきちんと見たいと思ったそうです。そこで，後半部分のたこ焼きの場面では「今（片付け）から100個つくるのか……」と戸惑ったものの，ケイの楽しんでいる世界にじっくりと付き合えるチャンスだと思ったと振り返っています。

つまり，子どもにとって集団での生活は，まず自分の興味のある

第Ⅱ部　子ども理解と援助の方法

ことを見つけたり，したいことを存分に楽しんだり，思いや考えを表したりしながら，自分の世界を充実させていくことから始まると言えます。ケイが片付けを嫌がる姿には「まだ遊びたい」という自分の思いと「片付けなければならない」という集団としての意図にズレを感じ，抵抗をしながら自分を主張する意味があったものと解釈することができます。秋田は，集団としてのまとまりで子どもを捉えるより，子ども一人一人の経験や子ども同士が織り成す経験の豊かさを大切にすることが保育という営みの特徴であるとしています。すなわち，保育者は一人一人の自分の世界に寄り添うことから，個と集団の育ちの理解を始めることが重要と言えます。

➡2　秋田喜代美「『保育』研究と『授業』研究——観る・記録する・物語る研究」日本教育方法学会（編）『日本の授業研究（下巻）授業研究の方法と形態』学文社，2009年，pp. 177-188。

❷ 自分の世界と友達との世界

Episode 2　遊びを通した友達との出会い

　10月のある日，ケイくんは保育者をダンゴムシ探しに誘いました。保育者と周りの子どもたち数名も一緒に山の裏を探します。しかし，なかなか見つかりません。そこで，タロウくんが「そうだ，いいこと考えた！　探検にしよう。探検」と言うとケイくんが「いいね」と賛同します。探検の地図をつくり，2人で探検に出かけていきました。
　別の日，ケイくんはブロックで飛行機をつくって遊んでいました。それを見ていたショウくんとユウスケくんが来て，飛行機づくりを始めます。そのなかでショウくんが「ケイくんが使っているやつ（車のブロック）1個だけ貸して」と聞きにきます。はじめは渋っていたケイくんでしたが，ショウくんが「ケイくんと同じような飛行機にしたいんだもん」と言うと，車のブロックを貸してあげました。

　このように子どもは，自分の世界が充実してくると，次第に，友達の存在に気づき，友達の世界との出会いや関わりが生まれていきます。保育者には，自分の思いを存分に受け止められてきていたケイでしたが，他者の思いを受け入れることには，まだまだ壁もあったようです。しかし，このエピソードでは，タロウやショウの思いを受け入れようとするケイの姿が確認できます。ケイの壁を取っ払ってくれたのは，ケイ自らつながりたいと思えた友達との出会いであり，興味・関心のある遊びであったと言えます。ここに保育者との生活だけではなく，同年代の子ども集団での生活の意味が隠されているように思われます。

❸ みんなとの世界へ

Episode 3　ほどよくつながる

　1月のある日，保育室内では船ごっこやコーヒー屋ごっこ，基地ごっこなどが展開されていました。ケイくんは，どの遊びにも属することはなく，紙を切ってお金をつくって遊んでいました。できたお金を保育者のもとに「あげる」と持っていきます。保育者が「いいの？」と聞くと「ケイまた自分でつくるから。自分でつくれるし」と答え，再び製作机に戻ります。しばらくすると，片付け後に行われる凧づくりについて保育者が簡単に説明をしました。見えるところに自分で移動し，説明を聞いていたケイくんは「片付けしよう」という保育者の言葉に対して，「あと○個お金をつくったらおしまいにする」と遊びの終わりを告げに行きます。保育者も「じゃ，あと○個ね」と受け入れるとケイくんは宣言通りお金をつくり，つくったお金を引き出しにしまいに行き，片付けに取りかかりました。

　入園した頃のケイの姿との違いに驚かれるのではないでしょうか。片付けを嫌がっていたケイが，自分から片付けに向かうという行動の変化に驚かされます。しかし，ここで注目したいのは「片付けするようになった」外面的事実ではなく，ケイの内側で「自分」「友達」「みんな」の世界がきちんと育まれ，つながりが生まれていることです。遊びの場面では，一見するとひとりで遊んでいるように見えますが，そうではなく周りのごっこ遊びを見て，ケイなりに友達とのつながりをもった遊び（お金づくり）を自分で発想して楽しんでいたと考えられます。片付けの声かけには，これからみんなで行う凧づくりに興味を示し，遊び（お金づくり）の終わりを自分で決め，保育者に支えられながら，片付け（みんな）へと向かう姿として解釈することができます。

❹ 自然と「集団になっていく」過程を見守る

　ケイの一連の事例から，子どもが個と集団の関係をどのように育んでいくのか，その過程を少しつかむことができたのではないかと思います。子どもは，集団での生活を始めてすぐに「みんな」のなかのひとりになるのではないと言えます。結城は，入園したての子どもたちが「（組名）さん」と集団名で呼ばれることに戸惑う姿の

▶3　結城恵『幼稚園で子どもはどう育つか──集団教育のエスノグラフィ』有信堂，1998年，p. 25。

報告をしていますが，たとえ，自分が「○○組」なのだということがわかっても，本当の意味で「みんな」のなかの自分になっていくには，経験の積み重ねが必要です。

それは，自分の世界を尊重してくれる保育者や友達との出会いから始まり，少しずつ友達との世界へ，みんなとの世界へと拡がっていく経験が，子ども自身の楽しさや納得とともに得られることです。

つまり，子どもの育ちにおいて個と集団はつながりをもつものであり，保育者は，個への対応を丁寧にしながら，自然と「集団になっていく」過程を見守れるよう心がけていくことが重要です。なぜなら，保育者が子どもの自分の世界と友達やみんなとの世界をしっかり育めるよう援助することで，子どもの「私」と「私たち」双方の育ちにつながるからです。つまり，「自分」の世界を充実させていく「私」と，友達やみんなとつながりをもつ「私たち」のバランスを子ども自ら図れるよう支えることによって，一人一人の子どもが主体として生きる育ちを得られるものと言えます。

ここにあげたケイのエピソードは，順調に歩みを進めているように見えますが，実際は，「行きつ戻りつ」を含む過程があり，その折々で自分を信頼してくれる他者に支えられ，紆余曲折を含みながら，少しずつ集団内での自分を確立していきました。このことは，入所・入園時だけではなく，集団としての再構成（進級してのメンバー替え・環境替え等）が起きるたびに，一人一人の「自分」「友達」「みんな」の世界がどのように構築されているのかを捉え，支えていくことの大切さを教えてくれていると考えられます。

▶4 鯨岡峻『保育・主体として育てる営み』ミネルヴァ書房，2010年，pp. 57-64。

▶5 ここで取り上げられなかった部分については，平野麻衣子「片付け場面における子どもの育ちの過程——両義性に着目して」日本保育学会『保育学研究』52（1），2014年，pp. 68-79を参照してください。

2 個と集団の育ちを支える保育者の葛藤

子どもにとって個と集団はつながりをもつものであることから，保育者の援助も双方が自然とつながるようにすることが求められます。しかし，具体的な実践場面では，個々の子どもへの関わりと同時に，複数名の子どもで構成される集団への関わりも行うことからその難しさに悩むことも多いと言えます。

それでは，一人一人の子どもに個と集団双方の育ちを保障するための援助とはどのようなものなのでしょうか。子ども同士の衝突場

面を取り上げ，保育者の葛藤や難しさにも視点を当てながら見てみたいと思います。

❶ 周りの子どもも見ているという状況

Episode 4 「先生が怒って」

　ある日，保育室に戻ると「先生，ショウくんがピアノの上に乗っている！　先生，ショウくんを怒って」と私にリカコちゃんが言いました。見ると，ショウくんはピアノの椅子に足を乗せ，鍵盤（蓋は閉まっている）の上に腰掛けています。私はリカコちゃんに「いけないって思うんだったら，リカコちゃんが直接ショウくんに教えてあげればいいんじゃないの」と言うと，リカコちゃんは首を横に振ります。「どうして？」と聞くと「だって，ショウくんはいつも悪いことするし，言っても聞いてくれなさそう」と答えるリカコちゃん。「でもさ，リカコちゃんが言ったら違うかもしれないよ。勇気を出して言ってみたら？」と続けると，「いやだ，とにかく先生が怒って」と言い放って廊下のほうに歩いていってしまいました。

　これは，5歳児の4月の出来事です。進級時にクラス替えがあり，リカコは初めてショウと同じクラスになっていました。本来であれば，ショウもリカコも互いにどのような人なのかを探りながら関係をつくっていくような時期です。しかし，リカコのなかには，「ショウくんはいけないことをする子」という思いが強くあることがうかがえます。これまでのショウの担任保育者に聞くと，ショウは，確かに友達と喧嘩も絶えないし，やってみたいと思うことが止められずいけないことをしてしまう様子もあったようです。しかし，リカコとの接点はないようでした。

　このリカコの姿からは，子どもが集団での生活のなかで，いかに多くのことを見聞きしているかということを考えさせられます。つまり，これまでショウを中心に繰り広げられてきたさまざまな出来事や解決の行方を見聞きすることで，リカコは「ショウくん像」をつくりあげてきていたのです。

　また，もうひとつ気になることは，ショウに自分が直接関わるのではなく，先生が怒ることによって問題が解決するとの考えをリカコがもっていたことです。園生活のなかで，子どもの困ったことや自分で解決できないことの助けをするのが保育者の役割ではありま

す。しかし、この場合のリカコは、ショウがピアノの上に乗っていることを「いけないこと・危ないこと」と捉えた自分がいたにもかかわらず、自分で何とかしようとする前に保育者に頼ろうとしていると言えます。自分が問題だと感じたことを自分では解決できないと感じていたのか、それとも自分には関係ない問題だと思っていたのか、真相はわかりませんが、どちらにしてもリカコにとっての園生活が、自分の世界と友達やみんなの世界、そのどれも充実しているとは言いがたいような印象を受けてしまうのです。

　このように、集団生活のなかで起きるさまざまな出来事は、その当事者である子どもにとっての経験になると同時に、忘れてならないのは、さまざまな場面を周りの子どもたちが見ているという状況です。つまり、一つ一つの出来事を周りの子どもたちはどのように捉え、そこから何を学んでいるのかを考えていく必要があるわけです。

　では、集団のなかで起こるさまざまな出来事をどのように共有していくと、子どもたちの個と集団の育ちを保障することができるのでしょうか。別のエピソードからそのヒントを探ってみたいと思います。

❷ つながる距離感をつかんでいく

Episode 5　カートに入った落ち葉をめぐって

　園庭の落ち葉を集めてカートに入れ、焼き芋ごっこをするのが最近のケイくんのお気に入りの遊びです。片付けになると集めた落ち葉をカートに入れたまま「とっておきたい」と保育者に伝え、特別に倉庫にとっておくという保育者とのやりとりが続いています。しかし、ケイくんがとっておいた遊びの続きをすることはありません。

　そんなある日、ケイくんがいつものようにカートに落ち葉を集めて遊んでいました。片付けになり、保育者よりも先にユウくんが「片付けだよ」と伝えにいきます。ユウくんの言葉に答えもせずに遊び続けるケイくん。それに対してユウくんは、強引にカートを戻そうとしてケイくんと喧嘩になりました。保育者が話を聞くと「だって片付けなのに片付けしないんだもん」とユウくん。ユウくんの言い方もきつく、ケイくんはへそを曲げている様子でした。

　保育者は「ユウくんの言うこともわかる、けれど、言い方があるかもしれないね。責めるような言い方をしてもケイくんは片付けしようって思えないし、先生は、ケイくんなら片付けて帰ってこられるって信じて待っていてあげたらどうかなって思うよ」と言うと、それを聞いたユウくんは「ケイくん、信

じて待っているからね〜」と言ってテラスに戻ってきました。ユウくんは、他の子どもたちと共にケイくんの様子を見守り、時折「信じて待っているからね〜」とケイくんに声をかけています。見られているケイくんも意識している様子で、いつもはとっておくはずの落ち葉を戻し、片付けを始めます。それを見たユウくんたちは、「ケイくん、やっているね」とうれしそうに言います。

しかし、空になったカートを引いたケイくんは、カート置き場を通り越して山のほうに向かいます。「あれれ？」と疑問顔になるユウくんたち。「ケイくーん」と言いかけたその時に、すかさず保育者が「待って、見ててあげよう」と伝えます。すると、山の裏に散らかっている遊具をカートのなかに入れて運ぶケイくんの様子が見えます。「そうか、ケイくん、遊んでいるんじゃなくて、自分の使っていないものも片付けようとしているんだね」と保育者が言うと、納得顔のユウくんたち。全部片付け終わって戻って来たケイくんに「ちゃんと（片付けて）帰ってこられたね」とユウくんが声をかけました。

これは、先に取り上げたケイの11月のエピソードです。このエピソードの前半、落ち葉を特別にとっておく部分は、ケイの思いが保育者に認められ、その関係によって「自分」の世界を安定して築いていると解釈できます。後半部分では、片付け時には「早く遊びを終わらせて片付ける」という「みんな」の世界を主張するユウとの衝突が描かれています。

このように友達との出会いは、子どもにとって自分の思いとの違いやズレに気づく機会になると言えます。白石は、いざこざ場面において、子どもは「自己回復」「共生」「解決法を学ぶ」「価値・規範を学ぶ」の4つの体験をしていることをあげ、人と関わる力の発達における重要性を指摘しています。

しかし、個と集団の育ちを支える援助を考えると、この事例はなかなか難しい事例です。

▶6　白石敏行「いざこざ場面にみる保育者の専門性」中坪史典（編著）『テーマでみる保育実践の中にある保育者の専門性へのアプローチ』ミネルヴァ書房, 2018年, pp. 126-130。

Work 1

もし皆さんがこの場にいる保育者だとしたら、ケイとユウに対してどのような対応をしますか、自分で考えてみましょう。次に、自分はなぜそうしようと思うのか、エピソードの保育者はなぜこうした対応をとったのかという意図について、グループで話し合ってみましょう。

エピソードのなかで保育者は、ユウの「片付けだと教えたかった」気持ちを認めたうえで「自分で片付けしようとしている」ケイの気持ちに気づき引き出せるよう「信じて待っている」ことも必要だと伝えています。

ユウと周りの子たち（集団）としては、ケイを同じ仲間として捉

えるがゆえに放っておけない気持ちで，できることをしようとする育ちが確認できます。また，ケイにとっても，保育者だけではなく，自分の世界を認めてくれる友達やみんなの存在に気づき，その応援を支えに，納得して「みんな」へと向かっていく育ちが見えます。

　この場合は，ケイとユウの考える「みんな」に折り合いをつけることができましたが，日々の保育のなかでは，これほどうまくいく展開ばかりではないのも実情です。ユウたちの応援があるにもかかわらず，ケイのなかにまだ「みんな」へと向かう準備ができていない場合だって考えられますし，ユウが自分の考える「みんな」を主張し続ける可能性だってあります。

　子どもが「自分」だけではなく「友達」や「みんな」へと関心を向けること自体は，集団としての育ちの基盤になるものですが，そのつながりを見出していくための具体的なやりとりは単純なものではありません。どのように援助するのが適当かは，状況に左右されますし，その時々の判断を保育者も読み取りながら，子どもとひとつずつものにしていくしかない難しさもあると言えます。

❸ 出来事をみんなで共有する

Episode 6　「惜しかったね」

　修了式のこの日，クラスみんなで読む最後の絵本の時間。ヨウくんがまだ座っていなかったので，保育者は読みはじめずに一呼吸おいて，ヨウくんに「ヨウくん，みんな待っているから座ろう。始まるよ」と声をかけました。そして，周りのみんなにも「空いている所を教えてあげて」と声をかけました。すると，カイトくんがもともとアスカちゃんが座っていた椅子を指して「ここ，空いているよ」と教えてくれました。忘れ物の荷物をロッカーに取りに行っていたアスカちゃんは，カイトくんの言葉を聞いて「空いてない。そこ，アスカが座ってた」と言えたのですが，それだけでとどまらず，カイトくんのことをぶってしまいました。

　すると，周りの子どもたちが「あー，アスカちゃんもったいない。もう4歳になったのに」「年中さんになるのにね」とアスカちゃんに対して言いました。そこで保育者は「何が惜しかったのか，どうしたらよかったのかを教えてあげないと」とみんなに問います。クミちゃんが「（何回も）お口で言えばよかったね」，ヒロトくんが「お口で言えたんだからぶったらダメだったよね」と答えます。「そうだね。お口で言えたのはすごかったのに，カイトくんがわかるまで待てたらもっとよかったね。ぶっちゃうのはダメだよ」と保育者が言うと，アスカちゃんもうなずきました。それを見て「惜しかったね」と保育者。周りの子どもたちも「惜しかったね」とつぶやきました。

このエピソードに出てくるアスカは，自分の思いをなかなか言葉にすることができずに，友達との間で衝突を繰り返してきたそうです。特に，好きな友達ややりたいことが強くなってきた2学期後半からは，手が出てしまうことも多く，そのたびにアスカの気持ちを引き出しつつ，どうやって言葉で言ったらよいのかを根気強く確認してきた保育者の援助があったと言います。

　だから，このエピソードで，カイトのことをすぐにぶってしまうのではなく，自分の思いを言葉にして言えたアスカを認め，育ちとして捉える保育者の様子が読み取れます。反対に，だからこそ手を出さずにいられたらもっとよかったのに，という気持ちが「惜しかった」という言葉に表れていたのではないかと考えられます。

　このエピソードでの周りの子どもたちの反応にも驚かされます。「人をぶつ」といういけないことをしたアスカに対して，一方的に非難するのではなく，アスカの気持ちにも寄り添いながら出来事を解釈しています。つまり，ぶつ行為自体はよくないことであるという理解に加え，それでもぶってしまうことには何か理由があるのではないか，ぶつ以外の方法で自分の気持ちを伝えるにはどうしたらいいか，ということを共に考えているのです。

　アスカが引き起こした出来事を自分とは関係ない出来事ではなく，自分のことのように捉えてできることをしようとする姿に，Episode 4のリカコの姿との歴然とした違いを読み取ることができます。また，保育者と共にアスカの以前の姿と今の姿をまるごと捉え，その変化をよくなろうとしていること（育ち）として受け止め，喜んでいる様子には，子どもの他者理解の懐の深さを感じ取ることができます。そんなふうに，自分の良いところもそうでないところも，まるごと受け止めてくれる他者の支えがあるからこそ，アスカもみんなや保育者の言葉を素直に受け入れ，納得のうなずきで返したと言えるでしょう。

　しかしながら，この場合もエピソードのような展開ばかりがあるわけでありません。特に，集団での時間（活動）のなかで起きる喧嘩などに保育者が丁寧に関わることで，集団としては必然的に流れが止まることになり，周りの子どもたちにとっては待つ時間になることを考慮する必要があるのです。

　エピソードのように，周りの子どもたちも共に考えられる場合もあれば，そうでない場合もあるでしょう。待ちすぎている間に新た

な喧嘩やトラブルを引き起こす可能性だってあります。このこともまた，その時々の状況によって適切な判断や程度の問題が異なるという難しさを含む問題と言えます。

❹ 子ども同士の衝突が育む個と集団の育ち

子ども同士の衝突は，その当事者である子どもにとって自分の思いと友達の思いとの違いに気づき，折り合いをつけていく葛藤を経験する場面です。保育者は，どちらが良い・悪いとの判決を言い渡す役割ではなく，双方の思いを出し合えるよう援助していきます。一人一人の思いを引き出すためには，行動をあらかじめある規範等に照らして判断するよりも先に，その子どもなりに「何か理由があるはずだ」という視点で捉えていくことが重要です。そうして，保育者に自分の存在を確かに認められることで，子どもは自分の思いをきちんと表現していくことと，友達の思いに気づき折り合いをつけていくことを学ぶのです。また，保育者にとっても，子どもとのやりとりを繰り返すことで，信頼関係を育み，個々の育ちと課題を把握していく重要な場面です。

同時に，周りの子どもたちにとっても大切な学びの場になることを，エピソードから考えることができたと言えます。子どもは，日常で起こる出来事をよく見ています。自分が直接関わらない出来事にも興味をもって，見聞きしているのです。そこで，その出来事をどう捉えるのか，出来事から何を学べるのかを自分に重ねて体験しているのです[7]。

その際，子どもたちが頼りにするのは，言うまでもなく，体現化された保育者の関わりです。保育者が一人一人とどのように関わり，思いや良さをどのように引き出しているのか，どうしてこうなったのか，どうしたらよかったのか，この出来事にはどういう意味があるのかということを見て，学びを積み重ねているのです。

したがって，保育者は自分の関わりが見られていることを自覚しながら，個別の出来事に丁寧に対応していくことが大切です。しかし，個だけに向かい，関わるだけでは片手落ちと言えます。常に，個と集団双方の視点から援助を心がけていく必要があります。

Episode 4のリカコには，リカコ自身の世界の充実とともに，自分以外の友達やみんなのことに関心をもてるようにつないでいく必

[7] 松原未季・本山方子は，対人葛藤場面における介入行為（3歳児・4歳児）を具体的に明らかにしています。松原未季・本山方子「幼稚園3歳児の対人葛藤場面における介入行為と状況変化」『保育学研究』54（2）2016年，pp. 37-48／松原未季・本山方子「幼稚園4歳児の対人葛藤場面における協同的解決──非当事者の幼児による介入に着目して」『保育学研究』51（2）2013年，pp. 187-198。

要があると言えます。子どものなかで育まれる「自分」「友達」「みんな」の世界の育ちは一人一人によって異なり，その時々によって変化するので，いつ，どのようにつながりを支えるのか，援助のさじ加減や判断には難しさも伴います。しかしながら，Episode 5・Episode 6の援助にあるように，少なくとも保育者が個を捉えつつ集団へも働きかける援助を積み重ねることで，一人の子どもを周りの子どもたちが支えたり，子どもたちが一人の子どもの育ちに支えられたりする集団としての育ちが期待できるものと考えられます。

3 個と集団の育ちを保障する保育デザイン

　保育実践は，人と人との関わりだけで成り立っているのではなく，さまざまなものやこと（媒介）との関わりも重要です。子どもは毎日の暮らしのなかで，さまざまな「ひと・もの・こと」と出会い，関わり，つながる経験をしています。そこで経験するさまざまなつながりの積み重ねに，個と集団の育ちが育まれていくと考えられます。そこで，ここでは，いろいろな"つながり"方をエピソードから探り，どのように保育デザインしていくことが，子どもと保育者双方にとって個と集団双方を活かしながら楽しく暮らせるのかを見ていきたいと思います。

❶「みんな同じ」からの脱却を

Episode 7　Kくんの色の体験

　その日，クラス活動で七夕の飾りをつくることになっていました。水性ペンを水で滲ませることを楽しむような製作です。ほとんどの子どもたちが夢中になって，自分の飾りづくりを楽しんでいる傍らで，Kくんは席にも着いておらず，ひとり窓の近くに立っていました。気になった私は，Kくんの隣に行き，Kくんの目線の先に目をやると小さな虫がいました。「Kくんは虫好きなのかな」と思いながらしばらくその場にいると，Kくんが体をぐにゃぐにゃと動かしています。視線は変わらず窓の虫です。不思議に思った私も同じように体を動かしてみると，先ほどの虫の甲羅が光に当たってまるで七色の虹のように輝いています。思わずその美しさに引き込まれながら，Kくんと私はしばらく見続けたのでした。

これは，筆者がある園を訪問した際に出会ったエピソードです。一見すると，Kの行動は集団とのつながりが切れてしまっているように見えました。しかし，KのそばでKの楽しんでいる世界を見てみると，実に豊かで美しい色の世界に魅了されていることが見えてきました。すると，短冊づくりで色の世界を楽しんでいる他の子どもたちとKの色の世界の味わいは，まったく同じではないけれど，同様の経験をしているのではないか，そのつながりが見えてきたのです。

　一般的に集団での時間や活動には，みんなが同じことを同じように行うことが意図されています。しかし，このKのようにたとえ違うことをしていても，つながりをもつ同様の経験として捉えられたら，活動の展開はどれほど豊かになるのでしょうか。考えただけでワクワクします。さらに，Kの世界を周りの子どもたちにも知らせることで，色への興味や関心が豊かに広がるのではないでしょうか。

　要するに，集団だから「みんな同じ」という発想自体を疑うことが必要だと思います。多数決や多くの人に共通することだけが重要という集団のあり方では，個々の輝きを活かすことは難しいと言えます。さらに言うと，いろいろな個があり，そのかけがえのない良さが活かされるからこそ，集団としての奥深さや豊かさが生まれていくのだと思います。

　このことをふまえて保育デザインを考えていくと，たとえば，部屋に戻ってくるのに時間がかかるひとりの子どものことを待つばかりではなく，時には，その子どもの好きなジャングルジムのそばにみんなが行き，絵本を読んで帰ろうと企図することだってできるのです。その時に，ひとりの子どもから見る「みんな」の見え方を共有したり，集団としてのあり方を考え直したりするヒントをもらえることも多いのです。

　保育者は，常に個と集団の視点を往復しながら子どもの育ちを捉え，理解したうえで，個々が輝く内容や展開をデザインしていくことが求められると言えます。

❷ 生活のなかに散らばる"つながり"

　子どもにとって「自分」「友達」「みんな」との"つながり"とはどんな瞬間にあるのでしょうか。これまでは，子ども同士の衝突場面

や一緒に活動する場面を捉えてきました。ここでは，もっと視野を広げて，見えにくいけれど，子どもにとっては確かにつながりを感じている瞬間をいくつかの場面から拾ってみたいと思います。

Episode 8　歌声が響き合う

　片付けが終わり，自分たちの保育室に戻ってきた子どもたち。保育者も保育室に戻ろうと，テラスで靴を履き替えていると，部屋のなかから声が聞こえてきました。「おはよー　おはよー　ゆげがでる♪……」。声を聞いて，ユカコちゃんだと気づきました。「ユカコちゃん，この歌好きになったんだ」と思いながら部屋に入り，手を洗いに行くと，先に手を洗っていたケントくんも同じように口ずさんでいます。ふと周りを見渡せば，それぞれの子どもがさまざまな場所で，立ったり座ったりしているにもかかわらず，声を合わせて歌うことを楽しんでいました。

　歌う，音を聞く，声を合わせる，笑うなど，音を共有する経験は，特に見えにくい（不可視的）性質をもっています。エピソードでは，バラバラな行動をしている子どもたちが，不思議なことに音（歌）を介してつながりを感じ，心を通わせている様子がうかがえます。
　園でのさまざまな姿を見てみると，同じ遊びをしている子ども同士が同じような姿勢や視線，体の向きをしながら動きを繰り返す様子を見かけます。さらに，公園への散歩場面でも，手をつないだ相手の子どもの歩く速さやリズムを感じて合わせようとしたり，視線から何に興味をもっているのか共有しようとしたりする姿が見られます。このことは，遊びや活動を共にすることを表面的にではなく，もっと身体レベルで響き合っている様子に，子どもなりのつながりの基盤を捉えていく大切さを教えてくれていると言えます。

Episode 9　「一緒だよ」の意味

　登園すると，荷物をロッカーに置きながら，ふと目線を上にあげたホノカちゃん。見ると，保育室の壁面に昨日，みんなで描いた絵が飾ってありました。ホノカちゃんは，一旦荷物整理の手を止め，自分の絵を探します。そして，見つけると「あった！」とうれしそうな顔をしました。登園してきたリコちゃんに気づくと近寄っていき「リコちゃん，やった！　一緒だよ」と絵のほうを指さして伝えます。リコちゃんも近くにいき，絵の展示に目をやると「やった！　一緒だ」とうれしそうに言い，2人で抱き合って喜んでいました。

この場面に遭遇した私は初め，何が「一緒」なのか，ホノカとリコの言葉の意味がよく理解できませんでした。2人の絵は，同じものを描いているわけでもないし，同じような色・構成をしているわけでもなかったからです。しかし，よく見ると，2人の絵は隣同士に貼られていたのです。そこを捉えた言葉が「一緒」だったのだと気づきました。

　このように，絵や制作物が隣にあることやロッカーが隣であることをきっかけに，つながりが生まれ，つながりを確かめ合う姿もあります。ほかにも，同じものを見る，同じものを追いかける，同じものを持つなど，子どもは，直接言葉を交わしてつながるのと同じくらい，物を介して人とつながる経験をしていると言えます。

　以上のことから，生活のなかにさまざまな"つながり"が転がっていることが少し見えてきたのではないでしょうか。特に，わかりやすく，見えやすいものばかりに目を奪われるのではなく，わかりにくいものや見えにくいものにも目を向ける必要性が得られたと言えます。子どもたちは，みんなと同じ活動をする以前に，日々空間や時間を共有し"共に"を経験しています。"共に"の経験を積み重ねていくことで，暮らしがつくられ，子ども同士の自然な"つながり"が生まれているのです。

　このことをふまえて，保育者は生活のなかに散らばっている"つながり"を拾い，支えると同時に，意図的・積極的に多様な"つながり"が生まれるよう保育をデザインしていくことが必要となります。その際，生活の主体者としての子どもの力を信じ，子どもに託せることは託しながら，共に暮らしをつくっていく姿勢が重要です。

　協同性[8]という育ちにおいて，イメージされる「言葉での話し合い」や「意見の共有」「イメージの共有」は，ここで捉えた"共に"の感覚や心地よい"つながり"等の基盤のうえに成り立つことを考慮していかなくてはならないと言えます。特に，乳幼児期は，このような基盤をたっぷりと経験できるような日々の暮らしをデザインしていきたいものです。

　本章では，個と集団の関係を難しさという目だけで捉えるのではなく，一人一人の良さや違いが集団としての豊かさやおもしろさへとつながっていく視点から捉える重要性について触れてきました。
　これからの保育施設には，多様な背景や生活経験の違いをもつ子

[8] 2017年に改訂された「幼稚園教育要領」等で掲げられた「幼児期の終わりまでに育ってほしい姿」のひとつとして「協同性」があります。そこでは，「協同性」を「友達と関わる中で，互いの思いや考えなどを共有し，共通の目的の実現に向けて，考えたり，工夫したり，協力したりし，充実感をもってやり遂げるようになる」こととして説明されています。

どもたちが，同じ時を過ごすための配慮が欠かせないでしょう。また，大人側も保育者だけではなく，地域の人や保育者とは異なる専門性をもつ人が保育に関わる機会も増えていくと思われます。そのような状況において，子どもも大人も個々が十分に自分の世界を充実させつつ，異質な他者と時間や空間を共有していくことのおもしろさや難しさを感じられるようにしていくこと，そしてさまざまなつながり方が認められ，ほどよくゆるやかに流れていく生活の展開がますます重要になっていくのではないかと考えられます。

Book Guide

- 森上史朗・今井和子（編著）『集団ってなんだろう』ミネルヴァ書房，1992年。
  本章で取り上げきれなかったさまざまな年齢や多様な保育場面が取り上げられています。各事例において，個と集団の関係における子どもの育ちと保育者の援助について考えさせられます。
- 鯨岡峻『保育・主体として育てる営み』ミネルヴァ書房，2010年。
  個と集団の関係を捉える際，本章でも取り上げた「私」と「私たち」の育ちを支えることの重要性について述べられています。なぜ双方の育ちを支えることが大切なのか，どのようにして支えていけるのか，学びを深める一冊です。
- 中坪史典（編著）『テーマでみる保育実践の中にある保育者の専門性へのアプローチ』ミネルヴァ書房，2018年。
  21のテーマから具体的な保育者の関わりを捉え，その意味を学べる一冊です。保育者の何気ない行為や判断が，実は深い専門性によるものであることを学びつつ，自身の保育観を広げられるものと言えます。

Exercise

1. これまで経験した子ども同士の衝突場面をひとつ思い浮かべ，当事者の子どもが得た学びはどのようなものだったか，周りの子どもたちは何を学んでいたのか，考えてみましょう。
2. 子どもの個と集団の育ちを織り込んだ活動をデザインしてみましょう。
   （例：集団での絵本の読み聞かせ〔読み合い〕など。）

第 8 章

一人一人の子どもの特別なニーズの理解と援助

みんなの遊びが盛り上がってくると，その輪をすっと抜け出してテラスの床に寝そべるEくん。こんな姿を見たら，あなたならどう関わりますか？

保育の場にはさまざまな子どもたちが存在します。たくさんの友達と遊ぶのが好きな子もいれば，大人数は苦手で一人がホッとするという子もいるでしょう。賑やかな場所が好きな子もいれば，ざわざわした騒がしい場面が苦手という子もいます。音や感触の受け止め方も，それぞれによって受ける刺激の強さが違っていたりもします。たとえば，その刺激が苦手で，それを避けようとする子どもの行動があったとしても，それは決して，単なるわがままや自分勝手な行動ではなく，それぞれの子どもにとって，そうせざるを得ないのかもしれません。
　ここでのEくんも，もしかすると，騒がしい場所やいろいろなお友達の声や動きが交差する場面が少し苦手なのかもしれません。また，そんな苦手な場面に疲れたときには，開放的なテラスという空間で床の木のぬくもりや感触の気持ちよさで自分を癒しているのかもしれません。Eくんが，なぜ寝そべっているのかという本当の理由はわかりませんが，障害の有無にかかわらず，それぞれの子どもにとって，その行為のもつ「意味」を探り，それぞれの子どもにとって，安心して気持ちよく過ごせる居場所や，人やモノとの関わり方を丁寧に考えていくことは大切なことではないでしょうか。
　本章では，多様なニーズをもつ子どもたちにとって，それぞれの育ちを支えていくために必要とされる保育者のまなざしや保育の在りようを探っていきたいと思います。

1 特別なニーズのある子どもとの出会い

Work 1

A児は園庭をぐるぐると走ったり，砂場で砂をつかんでは落とすことを繰り返したりしています。保育者が名前を呼んでも遊びに誘っても反応がありません。クラスの集まりの時間になっても保育室に近づこうとせず，保育者が手をつなごうとすると泣き叫びました。あなたなら，どのようにA児に関わっていこうと思いますか？

❶ 特別なニーズのある子どもとは

　保育の現場では，障害のある子ども，外国籍の子ども，被虐待児など，特別な配慮を必要とする子どもが在籍することが少なくありません。私たちの社会も，園という場も，多様な人々が共に生活しており，そこでは一人一人が大切にされるべきです。

　幼稚園教育要領では，特別なニーズのある子どもへの指導について以下のように記しています[1]。

▶1　「幼稚園教育要領」第1章「総則」第5「特別な配慮を必要とする幼児への指導」。

> 第5　特別な配慮を必要とする幼児への指導
> 　1　障害のある幼児などへの指導
> 　障害のある幼児などへの指導に当たっては，集団の中で生活することを通して全体的な発達を促していくことに配慮し，特別支援学校などの助言又は援助を活用しつつ，個々の幼児の障害の状態などに応じた指導内容や指導方法の工夫を組織的かつ計画的に行うものとする。また，家庭，地域及び医療や福祉，保健等の業務を行う関係機関との連携を図り，長期的な視点で幼児への教育的支援を行うために，個別の教育支援計画を作成し活用することに努めるとともに，個々の幼児の実態を的確に把握し，個別の指導計画を作成し活用することに努めるものとする。
> 　2　海外から帰国した幼児や生活に必要な日本語の習得に困難のある幼児の幼稚園生活への適応

> 海外から帰国した幼児や生活に必要な日本語の習得に困難のある幼児については，安心して自己を発揮できるよう配慮するなど個々の幼児の実態に応じ，指導内容や指導方法の工夫を組織的かつ計画的に行うものとする。

　ここからもわかるように，保育者は多様な子どもの各々のニーズを理解し，一人一人に配慮し，きめ細やかに支援していくことが求められています。本章では，特別なニーズのある子どものうち，主に障害があったり，配慮が必要な特性のある子どもの理解や支援について，具体的な事例をもとに考えていきます。

❷ "その子"と出会うということ

　園に特別なニーズのある子どもを迎える時，保護者や療育機関などと連携して，事前に特性や傾向，生育歴など，子どもの実態を把握しておくことは大切です。しかし，それだけでその子のことをわかったつもりになってしまわないよう気をつけなければなりません。同じ障害のある子どもであっても，一人一人は異なる個性をもっています。障害の程度や表れ方も一人一人違います。障害の特性に応じた保育方法だけがその子にとって良い保育とは限らないのです。

　どの子どもも，園という新しい場に緊張しながらも関心をもって入園してきます。保育者は，特別なニーズのある子どもに対して障害というレッテルを貼らずに，ひとりの"その子"として出会っていきたいものです。ひとりの特別なニーズのある子どもと保育者の出会いのエピソードを見てみましょう。

Episode 1　ユカと保育者の最初の出会い

　自閉症スペクトラム障害と診断されているユカが入園しました。入園式では不安そうに母の膝に座り，時々叫び声をあげていたユカでしたが，式が終わって園庭に出ると，母の手を放して風に舞う桜の花びらを追いかけ始めました。保育者は，上を向いてくるくる回っているユカに見えるように，花びらを集めてパッと散らし「きれいねえ」と言いました。ユカは初めて保育者の顔をちらっと見ました。保育者がもう一度花びらを散らすと，ユカは花びらに手を差し伸べました。保育者は花びらを数枚手のひらにのせてユカに見えるようにしました。ユカは花びらに触れようとし，保育者の手にユカの手が触れました。保育者はその時思わず「ユカちゃん，はじめまして。今日からよろしくね」と声をかけました。

初めての出会いは，保育者とユカが共に桜の花を見つめたような姿から始まりました。保育者がその子の見ている世界を共に見つめ，何に心を動かしているのか，何に不安を抱いているのかを感じとろうと関わるなかで，ふっとその子と心が近づく瞬間があります。その偶然のような瞬間を逃さず積み重ねていくことで，人との関わりが難しいと言われる子どもであっても，少しずつ確実に関係を築いていくことができます。その子との出会いを喜び，これから園生活を共に楽しんでいきたいと願う保育者の"あたたかい心"は，必ず子どもに伝わり，関わりのきっかけを生み出します。反対に，困った，どうしたらよいのか，と構えている保育者の"かたい心"は，子どもとの距離を離してしまいます。

2 子どものニーズの理解と支援

❶ 子どもの困っていることは何か

特別なニーズのある子どもは，言葉が話せなかったり，動作や理解がゆっくりだったり，感情や行動のコントロールが難しかったり，さまざまなことに対し敏感で繊細であったりします。保育者が困ったと感じる行動をとることも少なくありません。保育者は子どものさまざまな行動や表情などから，子どもが何を求めているのかを理解しようとすることが大切です。このことについて，養護学校（現：特別支援学校）で実践知を見出してきた津守は次のように述べています。

▶2　津守眞ほか『学びとケアで育つ――愛育養護学校の子ども・教師・親』小学館，2005年，pp. 44-45。

　　子どもの行動は内なる世界の表現です。（…中略…）その表現をどのように読むかは保育者にゆだねられています。その理解の仕方に応じて保育者の応答の仕方は違ってきます。ある行動を大人が「困った」と否定的にとらえるか，あるいは，子どもはそうしなければいられない窮境にあると肯定的にとらえるか，によって大人のかかわり方は違ってきます。子どもは心の底で何を願っていて，保育者がそれをどう理解するかは子どもと交

わるときに日々問われます。

　保育者が子どもの行動に対して困ったと感じる時，その子どもはもっと困っているのです。子どもを主体者として保育を考える時，主体である子ども自身が困っていること，つまりニーズを推測し，捉え，理解し，応じていくことが大切です。

❷ ニーズの理解と支援の実際

　特別なニーズのある子どものニーズをどのように理解し，どのように援助していけばよいか，エピソードを通して考えてみましょう。

Episode 2　悲しい気持ちをわかってほしい

　年長クラスのヒロトは，感情のコントロールが難しく，衝動的に攻撃的な言葉を言ったり相手を叩いたりしてしまうことがあります。ある日，ヒロトがつくりかけの空き箱の車を製作テーブルに置きっぱなしにしたところ，同じクラスのケンがそれと知らずに手に取り少し壊してしまいました。ヒロトは怒り，ケンは「ごめん」と謝り，壊れた部分を直しましたが，ヒロトは大声でケンを責め続け，ケンも泣き出してしまいました。保育者は状況をおおまかに聞いてから，まず，感情が高ぶっているヒロトを連れて職員室に行きました。職員室のソファで水を飲み，ヒロトは落ち着いてきました。そこで保育者はもう一度，何があって，何が嫌だったのかを，ヒロトに聞きました。ヒロトは自分の車が壊されて悲しかったことを保育者に訴えました。保育者は「嫌だったね。一生懸命つくっていた大事な車だったからね」とヒロトの思いを受け止めました。その後，「でも，ケンくんは謝っていたよ。車だってわからなかったみたい。直してくれたよね。ずっとヒロトくんが怒っていたらどんな気持ちかな」と他児の気持ちも伝えました。ヒロトは「またけんかしちゃった……」とつぶやきました。「大事な車はどうしておいたらよかったかな？」と聞いてみるとしばらく考えてから「名前を書いておく。自分のロッカーに置く」と答えました。その後，保育者が仲介してヒロトはケンに自分の悲しかった気持ちを伝え，ケンは改めて「ごめんね」と言いました。ヒロトは，自分の車に「ヒロトのです。こわさないで」と保育者に書いてもらった紙を貼り付け，ロッカーにしまいました。その日の降園時には，ケンとヒロトが談笑している姿がありました。ヒロトは「怒ってごめんって言ったら，ケンくんも，もう一回あやまってくれたんだよ」と穏やかな表情で保育者に伝えてきました。

　気持ちを受け止め共感することは，どの子どもに対しても共通する大切な支援です。他児を攻撃してしまうヒロトの行動は，車を壊されてしまった悲しさや悔しさの表現です。このことを理解し，受け止めることが何よりも大切です。それに加えて，ヒロトは感情が

揺れ動くと高ぶる感情を収めるのに人より時間がかかり，周りの刺激も受けやすいという特性がありました。ヒロトは，職員室という静かな場で水を飲むことで興奮が収まりました。その後，保育者と話しながら冷静に出来事や自分の感情を振り返って解決方法を考えることができました。保育者は，特別なニーズのある子どもの認知や行動の特性を理解し，それをふまえて，理解しやすい伝え方で相手の気持ちや適切な行動の方法を考えさせたり教えたりしていくことが大切です。ヒロトの「またけんかしちゃった……」という言葉からは，本当は友達と仲良く遊びたいという思いが読み取れます。

　自閉症である当事者の思いを著書で表現している東田は「みんなといるよりひとりが好きなのですか？」という問いに，次のように答えています。「僕たちは気にしているのです。自分のせいで他人に迷惑をかけていないか，いやな気持ちにさせていないか。そのために人といるのが辛くなって，ついひとりになろうとするのです。僕たちだって，みんなと一緒がいいのです。だけど，いつもいつも上手くいかなくて，気がついた時には，ひとりで過ごすことに慣れてしまいました」。東田は，間違っていることは止めてほしい，正しい行動の仕方をあきらめずに教えてほしい，と述べています。どの子どもも，友達と仲良く楽しく遊びたいと願っています。"トラブルを起こしやすい子""友達と関わろうとしない子"も，その願いは変わりません。保育者はその子の気持ちを受け止めつつ，感情をコントロールしたり，他人の気持ちをわかって関わったりできるように，援助を積み重ねることが大切です。

▶3　東田直樹『自閉症の僕が跳びはねる理由』KADOKAWA，2016年，p.39。

Episode 3　苦手なことをわかって

　年長クラスの発達障害のあるリカは，聴覚が過敏です。保育室で他児が木琴や鈴などの楽器を鳴らして演奏会ごっこを始めました。リカは遊びをやめてイライラした表情で耳を押さえ「あーうるさい！どこか違う場所でやってほしい！」と叫びました。演奏会ごっこをしていた他児たちは「えー，うるさくないよ」と言います。保育者は「リカちゃんはよく聞こえるから大きな音に聞こえるんだよね。演奏会の練習場を，ホールにつくろうか」と，楽器遊びの場所を他児たちと一緒に移しました。リカはホッとした様子で自分の遊びを再開しました。

　また，クラスみんなで歌を歌う時，リカは耳を押さえて「うるさーい！」と言うことがあります。保育者が「大きくてうるさい声ときれいな声は違うよね。じゃあ今度はきれいな声で歌ってみて」と言ってみんなで歌いました。リカは耳を押さえていた手を少し緩めました。保育者が「リカちゃん，今度はどうだった？」と聞くと，リカは「まあまあかな」と言いました。

> またある日，会食の時間に，保育者がBGMとして歌のCDを小さめの音でかけると，リカは保育者のところに来て「気になっちゃうから歌を止めて」と言いました。保育者は「ごめんごめん，後で聞こうね」とCDを止めました。

リカが音に対し敏感なことを理解している保育者は，リカに我慢しなさいと言うのではなく，楽器遊びの場を移したり，歌い方の指導をしたり，不必要な場面で音楽をかけることをやめたりしました。聴覚や視覚や触覚などの刺激に対する感じ方は，人それぞれです。感情が不安定になってしまうほど不快に感じる物や環境は，なるべく少なくしていくことも，援助となります。

リカのような発達障害の子どもの感覚を理解する時に，発達障害の当事者による語りが理解の手がかりとなることがあります。前述の東田や，栗原は，発達障害のある当事者としての感覚やニーズについて著書などで具体的に語っています。障害のある人々はさまざまなことをどう感じ受け止め，何に困っているのか，当事者の立場から理解することができます。発達障害の子どもは，感覚過敏をもっていることが多く，音や目に入るものに対して過度に刺激を受け，落ち着けなくなってしまうことがあります。このような"感じ方"をする子どもがいる場合，子どもの訴えに耳を傾けながら，落ち着ける環境を整えることも大切な支援です。リカと同じように，栗原も，保育園時代にもっとも苦手だったのは園児たちの「がなりたてるような歌声」だった，と著書で述べています。そのような子どもがいる場合は，エピソードにあるように，必要のない音はなるべく控えたり，合奏や歌などでは大きくてうるさい音ときれいな音の違いを指導したりなどの配慮が大切です。また，目に入るものに対して敏感な子どもは，視界に入る環境が雑多であると落ち着かなくなってしまうこともあります。そのような子どもがいる場合は，集まって絵本を見る時の背景には掲示物が何もないようにする，などの配慮をすると，落ち着いて活動を楽しめるようになるでしょう。

東田は，光や水や回る物への魅力，聴くことや見ることについて，当事者の感覚を詳細に語っています。そのような感覚は，多くの人々の感覚とは少し違っていて，共感することは難しいかもしれません。その人のもつ特性として客観的に理解し，配慮することが求められます。

▶4　発達障害
発達障害者支援法第2条では，発達障害の定義を「自閉症，アスペルガー症候群その他の広汎性発達障害，学習障害，注意欠陥多動性障害その他これに類する脳機能の障害であってその症状が通常低年齢において発現するもの」としています。

▶5　栗原類『発達障害の僕が輝ける場所をみつけられた理由』KADOKAWA, 2016年。

▶6　同上書, p.14。

一方，身体に不自由さがある子どもには，段差の解消や扱いやすい蛇口や手すりの設置など，バリアフリーの物的環境が必要です。視覚障害の子どもには，触れてわかる表示などの環境が必要です。

このように，特別なニーズのある子ども本人の視点から，状況や物的環境について捉え直し，不自由さや不快さを少しでも減らす保育室の環境設定をする必要があります。

3 特別なニーズのある子どもに寄り添う保育

❶ インクルーシブ保育とは

特別なニーズのある子どもを含めた保育はどのようにあるべきでしょうか。これまで障害のある子どもと障害のない子どもを一緒に行う保育は「統合（integration）保育」と言われてきました。それは異なったものを統合する，という意味をもっています。しかし，障害の有無により子どもを分けて考えること自体が不自然なのではないか，という考えにより，近年「インクルーシブ（inclusive）保育」という言葉が聞かれるようになってきました。インクルーシブとは「包括的」という意味です。インクルーシブ保育は，多様な子どもが共存し，共に育つ保育です。インクルーシブ保育では，障害のある子ども，外国籍の子ども，被虐待児など特別な配慮を必要とする子どもを含め，すべての子ども一人一人を大切な個として捉え，各々に必要な援助をしていきます。特別なニーズのある子どもを健常児に近づけるという考え方ではなく，多様な人間関係のなかでその子がもつ能力を活かしながら，より生活しやすい方策について探求する，という考え方をします。[7] 障害があったり日本語が話せなかったりすることにより，生きづらさや生活のしづらさを感じている子どもの気持ちを受け止め，子どもを主体者として考え，援助をしていくことが大切です。

➡ 7　堀智晴ほか（編著）『ソーシャルインクルージョンのための障害児保育』ミネルヴァ書房，2014年，p. 28。

❷ 一緒を楽しむ保育

さまざまな子どもが一緒にいることや遊ぶことを楽しめるようにするためには，どのような援助をするとよいのでしょうか。

Episode 4　友達と一緒に楽しみたい

　知的な遅れのあるミカは，友達と一緒に遊ぶことが好きな子です。しかし，同じようにできなかったり遊びのイメージやルールがわからなかったりして，仲間に入れなかったり批判されてしまったりすることもあります。

　冬休み明け，ミカの所属する4歳児クラスでは，自分の凧をつくって凧あげを楽しむ子どもが増えていました。ミカもそれを見て自分もつくりたいと製作コーナーに行きました。友達の様子を見ながら材料を持ってきたものの，どうしたらよいかわからない様子です。ミカは友達に「どうするの？」と聞きました。友達は「ここをこうやって切るんだよ」と自分の凧を見せて自分なりに伝えました。ミカはハサミを手に取りましたが，なかなか思うように切れません。ミカは顔を赤くして材料の紙をくしゃくしゃに丸めてしまいました。保育者が気づいて「一緒にやろうか」と，さりげなく，くしゃくしゃになった紙を広げ，手伝いはじめました。保育者と一緒につくりあげた凧を持って，ミカは「サキちゃん1，2の3しよう」と声をかけました。サキは「ミカちゃんの凧，おんなじピンクだね。1，2の3で走ろう」と答え，2人で一緒に走りまわりました。ミカは走るのがゆっくりなので凧が上まであがらず，引きずることもありましたが，とても満足そうでした。

　友達と一緒の遊びをしたいけれども，ミカのように技術や理解の面で難しさを伴い，配慮が必要な子もいます。友達と一緒に遊びたい，という思いを子どもがもっている時，どのような援助をするとよいのでしょうか。

　このエピソードのように技術的な支援をしたり，遊びのなかで共有されているイメージやルールをわかりやすく伝えたりすることは援助のひとつです。同じような物を持ったり，動きを共有したりすることにより，友達関係は育つと言われています。ミカは，友達と同じ凧を持ち，一緒に走ったことで，凧あげ遊びの楽しさを共有することができました。このことはミカの友達関係づくりの援助にもつながります。

　一方で，どの子も一緒に楽しめるよう，遊びの内容や参加の仕方を工夫することも大切です。ミカは，他の子どもと同じように速く走ることはできませんが，一緒に楽しむことができました。まった

く同じようにはできなくても，一緒の気持ちは味わえるのです。本人や周りの子どもが"一緒に楽しんでいる"気持ちをもてる，その子なりの参加の仕方を見出していくことが大切です。

また，集団のなかで関係が育っていくと，友達がミカに凧のつくり方を教えようとしたように，子ども同士の支え合いや教え合いが生まれてきます。その姿を大切にしながら，発達段階に応じて子ども同士で支えきれない部分を保育者がさりげなく援助することも大切です。

❸ 一人一人の良さを活かす保育

特別なニーズのある子どもは，マイナスイメージをもたれやすく，その結果，自己肯定感が育ちにくいと言われています。一人一人の良さを活かし，子どもの自己肯定感を育てるためにはどのような援助をするとよいのでしょうか。

➡8　自己肯定感
　良い面も悪い面も含めてありのままの自分を受け止め，自分が自分であることを認める感覚のこと。乳幼児期にはこれをしっかり育てておくことが重要であると考えられています。

Episode 5　得意なことを活かして

発達障害のトモヤは，虫に詳しいという特技をもっています。保育者はトモヤと遊びながら一緒に「虫研究所」というコーナーを保育室につくりました。トモヤは飼育ケースに園庭で捕まえてきた虫を入れ，図鑑で調べ観察し，大切に虫を世話しはじめました。やがて興味をもった他児が研究所の仲間となり，一緒に世話をするようになりました。クラスの子どもはみんな，珍しい虫を園庭で見つけると迷わずトモヤに「トモヤくん，これなんていう虫なの？」と聞きます。

クラスで遊園地をつくる活動をした時，コーヒーカップをつくることになったトモヤは「虫が好きな子が喜ぶように，虫の模様をコーヒーカップに描きたい」とグループの仲間に提案し，リアルに虫を描いて飾ることを一生懸命に行いました。「カブトムシのコーヒーカップ，かっこいい」と年少児に言われてうれしそうなトモヤでした。

トモヤは，自分と違う考えを受け入れることが難しかったり，新しい場や活動では緊張のあまりパニックになってしまったりなど，日常のなかで葛藤したり困難にぶつかったりする場面もあります。虫への関心の強さも，"こだわり"と言われることもあります。けれども，虫に関心をもち深く探求していこうとする意欲や態度は，誰にも負けないトモヤの強みです。保育者が，このことをトモヤの良さとして大事にし，一緒に楽しみながら，トモヤがやりたいこと

を実現できる場をつくり、他児にもその良さを伝えていったことで、トモヤはクラスのなかでも「虫博士」として認められる存在になっていきました。また、グループ活動のなかでも、自分の虫好きを活かして能動的に参加し認められる経験をしました。

　特別なニーズのある子どもも、自分の得意なことで力を発揮して活躍したい思いを他の子どもと同じようにもっています。子どもの強みを活かし引き出し、それが友達のなかで認められ活かされるような援助をして、子どもの自己肯定感を育んでいくことが大切です。

❹ 支え合い育ち合う保育

　堀は、インクルーシブ保育の眼目は「幼いときから、共に生活し共に育ちあう経験をする」という点にあり、そのためには保育者は子ども同士の「育ち合いを育てる」必要があると言います。多様な子ども同士で、互いの得意なこと、苦手なことを、ありのままに受け止め合い支え合う関係を育てていく保育を目指していくことが求められます。

> 9　前掲書（→7）, p. 3.

Episode 6　みんなと一緒に頑張りたい

　ユウキは弱視で視界が狭く、近距離でしか物が見えません。運動遊びは怖いと言って自分からは取り組もうとしません。運動会に向け、ユウキの所属する年長クラス全員で2チームに分かれてリレーをすることになりました。ユウキは頑張ってバトンを持って走るのですが、こわごわ走るのでゆっくりした走り方になってしまいます。初めは「がんばれ」と応援していた子どもも回数を重ねていくと「ユウキ君もっと早く走れないの？」「ユウキくんがチームにいると負ける」と言うようになってきました。ユウキは「怖いから……」と下を向いてしまいました。

　保育者は、リレーでのユウキを巡る出来事について、ユウキの思い、他児たちの思い、保育者の思いを出し合って、学級全体で話し合うことを重ねていました。ちょうどその頃、近隣の盲学校高等部で運動会の練習が行われていたので、保育者は依頼して、クラス全員で見学に行くことにしました。そこでは、盲学校の生徒と伴走者が一緒に走ったり、鈴などの音を使って方向やゴール位置を知らせたりして支援している姿が見られました。目を丸くして見ていた子どもたち。園に戻るとすぐ、「ユウキくんも、一緒に走ったり、前で鈴をならしたりしたら、速く走れるんじゃない？」と口々に言い、「これはどう？」「こうすると怖くない？」とユウキに聞きながら、いろいろな走り方を試しはじめました。ユウキはうれしそうに友達の関わりを受け入れ、「手をつないでもらって走っても、速すぎると怖い」など、してほしいことを自分なりに友達に伝えはじめました。その後、ユウキは遊びのなかで自分からリレーに参加するなど、前向きに取り組むようになりました。

リレーをきっかけに，学級の子どもは目が見えにくいユウキの気持ちを考えたり，みんなで一緒にリレーをするにはどんな方法があるかを考え工夫したりしはじめました。一方でユウキも，走ると怖いという思いを伝えたり，どう援助してほしいかを伝えたりなど，自分のニーズを周囲に発信していく必要性を感じはじめたようです。

年長クラスでは，競い合う遊びや複雑なルールやイメージを伴う遊びも楽しむようになり，学級全員やグループで力を合わせる活動も盛んになってきます。Episode 4でも，年中クラスのミカと友達との支え合いの芽が見られましたが，年長クラスになり友達関係が育ってくると，さらに子ども同士での支え合いが見られるようになってきます。一方で，友達の気持ちはわかるようになってきたけれど自分も勝ちたい，など葛藤するようになっていきます。特別なニーズのある子どもも，仲間の一員としてみんなと一緒に力を発揮したい思いがあったり，できない悔しさや悲しさを十分に友達に伝えられない状況になったりします。こんな時，保育者が答えを出すのではなく，どうしたらみんなが楽しい気持ちで取り組めるか，特別なニーズのある子どもを含めた全員が納得する解決方法を考えさせていくことが大切です。保育のなかでのこのような経験の積み重ねが「育ち合いを育てる」ことにつながっていくと言えます。

4 ニーズを理解し，みんなで支える

ここまで，特別なニーズのある子どもの保育について，主に保育者や友達との関係で考えてきましたが，保育は子どもとクラスの保育者だけで成り立つものではありません。多くの人々を巻き込みながら，一人一人の子どもを多面的に理解し支えていくことが，保育を充実させ，子どもの育ちにもつながっていきます。

❶ 園全体で支える

特別なニーズのある子どもをより丁寧に援助できるように，支援員や加配保育士，フリーの保育者などが配置されている園もあります。担任と他の保育者は，綿密に連携して子どもの援助をしていく

▶10 支援員，加配保育士，フリーの保育者
障害や育ちの状況に合わせて，担任保育者以外に保育者を確保して保育する制度があります。学校機関では「支援員」，保育所等では「加配保育士」と称します。また，必要に応じてクラスや幼児の支援をする「フリーの保育者」を置いている園もあります。

必要があります。日々の打ち合わせや反省会をはじめ，他にも広く深く連携する方法を工夫することが必要です。

具体的な支援や指導を記した「個別の指導計画[11]」を作成し，関係する保育者が読んで理解しておくことも有効です。指導計画には，その子の今の姿，行動の意味やニーズ，具体的な関わり方を記します。酒井によると[12]，個別の指導計画は「決してその子どもを特別視するのでなく，日々のなかで通り過ぎてしまう事柄に立ち止まり，文字にし，個を見ることで学級全体につなげる作業でもある」と言います。指導計画を作成する行為自体が，子ども理解を深め，一人一人が活かされるインクルーシブな保育をつくっていくことにつながります。

朝会など多くのスタッフが集まるちょっとした時間を使い，配慮したい子どもの実態や保育者の思いや具体的な援助の方法について簡潔に話し，園のスタッフ全員で共通把握しておくことも有効です。保育カンファレンス[13]などで話し合い考え合うと，さらに子ども理解が深まります。Episode 2のヒロトについては，朝会や保育カンファレンスで話題にして教職員全員で実態や保育者の指導方針について共通理解していました。そのため，何かトラブルが起きた時には，手の空いている保育者にクラスの他児の安全を見ていてもらう，職員室にいるスタッフに静かに見守ってもらうなど，瞬時に園全体で連携をはかる体制がとれていました。

特別なニーズのある子どもの保育，インクルーシブ保育では，難しさを伴うことが多々あります。困難な状況を学級担任ひとりで抱え込まないことがもっとも大切なことです。園全体で実態を共通理解し連携がとれていると，保育者も支えられている気持ちをもつことができ，心強くなります。園全体が「チーム」となり，学び合い，支え合う体制をつくっていくことが大切です。

❷ 専門機関と共に支える

幼稚園教育要領には「家庭，地域及び医療や福祉，保健等の業務を行う関係機関との連携を図り，長期的な視点で幼児への教育的支援を行うために，個別の教育支援計画[14]を作成し活用することに努める[15]」とあります。園が中心となり，保護者や関係機関と連携して，子どもの支援を充実させていくことが求められています。地域の保

▶11 個別の指導計画
「個別の教育支援計画」（▶14参照）をもとに，日々の教育活動をより具体化するために，年・期・月単位で作成する計画。個々の子どもの実態を把握し，具体的な支援や指導を行うために作成します。

▶12 酒井幸子「多様性を排除しない姿勢をもって学級経営に臨む」『幼児教育じほう』8，2016年，p.10。

▶13 保育カンファレンス
本書第6章参照。

▶14 個別の教育支援計画
在籍する教育機関（年限）において子どもをどのように育てるかを，家庭と福祉と医療の専門機関と連携をとり，長期間にわたる計画を描いていくもの。保護者や本人の意思を確認して，共に作成することが義務づけられています。

▶15 「幼稚園教育要領」第1章「総則」第5「特別な配慮を必要とする幼児への指導」の1「障害のある幼児などへの指導」。

第8章 一人一人の子どもの特別なニーズの理解と援助

➡16 巡回訪問
臨床心理学および乳幼児および児童の発達・教育の専門知識をもった専門家である臨床心理士などが，「保育カウンセラー」として地域の園を巡回し，保育者と連携して幼児の育ちの支援にあたる制度をいいます。

健所や子ども教育センター，療育センター，小児医療機関，児童相談所，特別支援学校，巡回訪問として定期的に園を訪れる保育カウンセラーなど，地域には特別なニーズのある子どもを支えるさまざまな専門機関があります。園は，これらの専門機関と連携していくことが大切です。心理面での理解や支援，発達検査，投薬など，それぞれの専門領域でこそできる支援が多々あります。園だけではなかなか解決方法が見出せない課題があった時に，このような専門機関の広い視野で子どもを捉え理解し，援助方法のアドバイスをもらうことが解決の糸口になることもあります。また，保育者の悩みを聞いてもらったり保育を見てもらったりすることで，思考を整理し，保育の改善点を見出すことにもつながります。

連携にあたっては，それぞれの機関が，各々の専門性に自信と誇りをもち，互いを尊重し合って，対等な立場で連携していくことが重要です。他の専門機関からのアドバイスや意見を聞いて，それを一方的に保育に取り入れていくだけでは，対等に連携しているとは言えないでしょう。多面的に子どもの発達や課題を理解し，さまざまな援助の方法があることを知識として得たうえで，園の保育とその子どもに合うと保育者が実感できる援助を探っていくことが大切です。園には「保育」という専門性があります。園だからこそできる援助や子どもの成長について，他の専門機関にわかりやすく伝えるスキルを身につけていくことも必要です。

❸ 保護者と共に支える

特別なニーズのある子どもの理解や援助を充実するためには，保護者との連携が欠かせません。子どもの成育歴や関係している諸機関などの情報を共有したり，家庭での子どもの実態や保護者の教育方針や願いなどを話し合ったりしておく必要があります。特別なニーズのある子どもの保護者は，これまで大変な苦労をしてきたり，家庭では何の問題も感じられずに過ごしてきて園に入って初めてわが子の課題を指摘されたりなど，さまざまな背景を抱えていることが多く，保育者が対応に苦労することも少なくありません。しかし，保育者以上に苦しみ悩んでいるのは保護者自身です。保護者がもっとも苦悩するのは，第三者に障害の疑いを指摘されてから診断名がつくまでの期間と言われています。保育者は，保護者の話をよく聞

➡17 酒井幸子「子育てのネットワーク」『幼児教育じほう』2，2018年，p.10。

き，受け止めて信頼関係を築きながら，子どもの園での実態をありのままに伝え，どのような援助をすることがその子の日々の充実につながっていくのかを一緒に考えていけるように努力していくことが求められます。

この時に大切になってくるのは，先に述べた専門機関との連携です。心理や発達などの視点から見たわが子の成長や課題について，専門家から話を聞くことで冷静にわが子の実態を捉えやすくなることもあります。専門諸機関と連携し，保護者を療育センターやカウンセラーなど，家庭と園以外の必要な場や人につなげていくことは，保護者の不安や悩みをサポートすることにもなります。

Book Guide

- 津守眞ほか『学びとケアで育つ――愛育養護学校の子ども・教師・親』小学館，2005年。
  養護学校（現：特別支援学校）幼稚部・小学部の実践記録です。子ども一人一人の主体性を最大限に尊重し，深く理解し，丁寧に向き合う保育のなかで，障害のある子どもは自分らしく根をはって育っていきます。真の発達とは何か，保育の真髄とは何かを，考えさせられます。
- 堀智晴ほか（編著）『ソーシャルインクルージョンのための障害児保育』ミネルヴァ書房，2014年。
  障害者権利条約の理念に基づくインクルーシブ保育を解説した本です。障害児保育の理念や制度，保育の実践や関係機関との連携など，インクルーシブ保育について総括的に学ぶことができます。
- 東田直樹『自閉症の僕が跳びはねる理由』KADOKAWA，2016年。
  重度の自閉症で会話が難しい筆者が，13歳の時にパソコンなどによって記した本です。「大きな声はなぜ出るのですか？」「跳びはねるのはなぜですか？」などの質問にわかりやすい言葉で答えています。自閉症当事者の感覚や思いが，よくわかります。

Exercise

1. 保育実習などで出会ったことのある特別なニーズのある子どもの姿を振り返り，子どもや保育の実態について感じたことを話し合ってみましょう。

2. 特別なニーズのある子どもが在籍する保育所や幼稚園，または地域の療育センターなどを見学させていただきましょう。特別なニーズのある子どもが何を楽しんでいるか，どんなことに困っているか，保育者はどのように援助しているか，という視点で観察して，ディスカッションしてみましょう。
3. 特別なニーズのある子どものエピソードが描かれている書籍を読み，感じたことを話し合ってみましょう。自分だったらどのように関わっていくかを考えてみましょう。

第 9 章

保護者理解と援助の基本

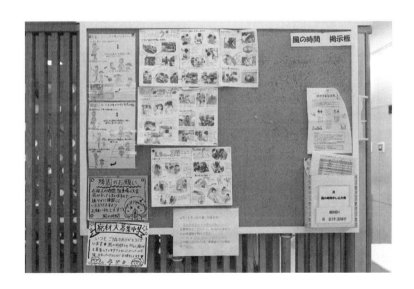

園にある保護者向けの掲示板です。この掲示板から,保護者に伝えるためのどんな工夫が読み取れますか? できるだけたくさん見つけてみましょう。

園と家庭が連携して子どもを健やかに育むとともに，保護者が子育ての喜びを感じられるように，子育てをしているなかで生じる不安や戸惑いにも寄り添い支えることも，園・保育者の重要な役割です。

　園と家庭，保育者と保護者が子どもの姿を共有する手立てとして，保育のなかの子どもの姿を掲示版などで具体的に伝えることが有効です。その際，子どものつぶやきや子ども同士のやりとりなどの具体的なエピソードを画像とともに示すと，保護者にとってわかりやすく，また保育のなかで大切にしていることも伝わりやすくなります。その他，園から保護者の方にお願いしたいことや連絡事項なども掲示板を活用して伝えることができます。

　また，園と家庭との連携におけるコミュニケーションの媒体は，掲示板以外にも，直接話す，電話，園・クラスだより，ウェブサイトなど多様にあります。それぞれの特徴をふまえた使い分けが重要になります。

保育における「保護者理解」とは

❶ 子育てにおける保護者の心情を深く理解する

　みなさんは,「子育て支援」という言葉にどのようなイメージをもっていますか。子育てに悩んだり,困ったりしている保護者の悩みや相談に応じて適切に助言するというイメージを抱いている人も多いのではないでしょうか。実際に子育て支援のボランティアを行った学生に聞いてみたところ,もっとも多かったのは「悩んでいるお母さんを支えないといけないと思う」など,被支援者として保護者を理解している内容でした。もちろん,保護者の子育ての悩みを軽減していくことは子育て支援の重要な目的のひとつです。しかし,保護者は子育てに悩んだり,困ったりするだけの存在でしょうか。子育て支援ではどのようなことを大事にするとよいのでしょうか。

　「保育所保育指針」では,「第4章　子育て支援」の冒頭において,以下のように示したうえで,「1　保育所における子育て支援に関する基本的事項」「2　保育所を利用している保護者に対する子育て支援」「3　地域の保護者等に対する子育て支援」についてそれぞれ留意すべきことが書かれています。

> 　保育所における保護者に対する子育て支援は,全ての子どもの健やかな育ちを実現することができるよう,第1章及び第2章等の関連する事項を踏まえ,子どもの育ちを家庭と連携して支援していくとともに,保護者及び地域が有する子育てを自ら実践する力の向上に資するよう,次の事項に留意するものとする。

　つまり子育て支援では,保護者のもつ子育てを自ら実践する力を高めていくことを目的に,保育者は保護者と子どもの成長の喜びを共感し,保護者が子育ての喜びを感じられるようにしていくことが大切なのです。

第Ⅱ部　子ども理解と援助の方法

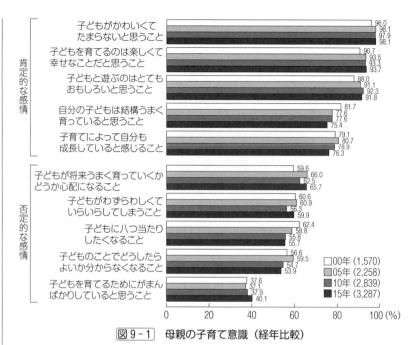

図9-1　母親の子育て意識（経年比較）

注：1）「よくある＋ときどきある」の％。
　　2）母親の回答のみ分析。
　　3）（　）内はサンプル数。
出所：ベネッセ教育総合研究所「第5回幼児の生活アンケート」2016年。

　図9-1を見ると，保護者が「子どもがかわいくてたまらない」「子どもを育てるのは楽しくて幸せなことだと思う」など，子育てを通して多くの喜びや楽しさを感じ，自分も成長していると感じていることがわかります。子育てに対して保護者は，多くの肯定的な感情を経験しています。一方で，保護者は「子どもが将来うまく育っていくかどうか心配」したり，「子どもがわずらわしくていらいらしてしまう」など否定的な感情も経験しています。つまり保護者は肯定的な感情と否定的な感情の両方を経験しながら，日々子育てしているのです。ですから子育て支援では，保護者の肯定的な感情と否定的な感情の両方に寄り添い，深く共感しながら，保護者の子育ての喜びがより多く感じられるように支援していきます。

❷ 日常の何気ない保護者との関わりを通して，丁寧に信頼関係を育む

　子どもの保育と保護者への関わりは，切り離して考えることはできません。子どもをどう保育をしていくかということと，保護者とどう関わっていくかは合わせて考えていく必要があります。

Work 1

次の文章は，ある幼稚園での4歳児リョウガくんと保護者の様子です。あなたなら，リョウガくんと保護者にどのように対応しようと思いますか。

　リョウガくんは最近，仲良しの友達と思うように遊べていない日が続いています。今日は，登園時に転んでしまったことをきっかけに，泣き出してしまいました。保護者は泣いているリョウガくんが自分から離れようとしないのでどうしたらよいか困っています。さきほど，友達が遊ぼうと誘いに来てくれましたが，リョウガくんは保護者から離れようとしませんでした。相変わらず保護者にくっついたまま泣いています。そんなリョウガくんの様子に，保護者はしゃがみこんだまま，動けずにいます。

▶1　小田豊・神長美津子（監修・解説），赤石元子（解説）「DVD　3年間の保育記録4・5歳児編（③先生とともに　④育ちあい学びあう生活のなかで）」岩波映像，2005年。

　リョウガくんのように，ほんの小さな出来事がきっかけで登園をしぶるようになることは，どの子どもにもあります。特にリョウガくんは最近，友達と思うように遊べていない日が続いているため，園を楽しい場所と感じていないようです。こうした時期は，保護者にとってもつらく感じる時期です。子どもが元気に友達と遊びはじめる姿を見られれば安心して子どもを預けることができるのですが，子どもが泣いている状態のままだと，その場を立ち去りがたく，とても切なく感じる保護者も多いのではないでしょうか。ずっと子どものそばについていたいと思う保護者もいるかもしれません。こういう時には，保護者が安心して子どもを園へ預けられるように，子どもを心配する保護者の気持ちに寄り添いながら，しっかりと子どもを預かることを伝えます。保護者の状況や気持ちを深く受け止め，十分に配慮しつつ，保育の専門家として，子どもにとってよりよい方法を保護者へわかりやすく伝え，保育者を信頼してもらうことが大事になってきます。

　Work1のように，子どもを泣いたまま園へ預けたような日には，わが子がその後もずっと一日中，泣き続けていたのではないかと保護者が心配に思うことがあります。そのような時には，降園時に，その日の子どもの様子を保護者へ丁寧に伝え，安心できるようにするとよいでしょう。また保護者と協力しながら保育していく姿勢を伝えると，保護者の心配が和らぐのではないでしょうか。このように子どもの気持ちが不安定な状態である期間は，特に緊密に保護者とコミュニケーションを図り，連携していきます。また普段から保護者へ子どもの様子をわかりやすく愛情をもって伝えることによっ

て，保護者は保育者に信頼を置くようになります。保護者との信頼関係は，毎日の何気ない会話のなかで少しずつ培われていくものなのです。

❸ 保護者の自己決定を尊重する

保育における保護者と保育者の関係は，子どもの心身の健全な育成を目的とした対等な関係であって，いわば子育てのパートナーです。ここでは保護者とのよりよいパートナーシップを築いていくためには，どのようにしたらよいかを考えてみましょう。

家庭によって，それぞれ生活習慣や子育ての考え方は異なります。それは，各家庭のいわば「文化」のようなものであり，尊重されなければなりません。保育で保護者支援を考えるうえでも，まずはそれぞれの家庭の実態をふまえ，その家庭の生活習慣や考え方を尊重していく姿勢が基本となります。次のWork 2では家庭における生活習慣の尊重について考えてみましょう。

Work 2

次の文章は，ある保育所での1歳児クラスの保護者との出来事です。あなたなら，どのように対応しようと思いますか。

1歳児のユウちゃんは，いつも午前中ボーッとしていて眠たそうで，他の子どもと比べると遊びに集中できていません。保護者に話すと「毎晩，寝る時間が11時を過ぎている」とのこと。そこで，保護者にもっと早く寝られるように他の家庭の工夫やアイデアを伝えてみました。保護者からは「やってみます」とうれしい返事。

ところが1週間経っても，午前中のユウちゃんは相変わらず眠たそうで，十分に眠れていないようです。どうしてなのか，保護者は入眠時間を早めるなど，生活時間の見直しに取り組んでいないようです。

▶2 全国社会福祉協議会・全国保育協議会・全国保育士会「全国保育士会倫理綱領」2003年。

保育では，子どもの健全な育ちのために，保護者に対して家庭での生活を見直し，改善してほしいと強く願うことがあります。これは「子どもの最善の利益を第一に考え，保育を通してその福祉を積極的に増進する」ことを保育の基本に据えている保育者にとって，当然なことと言えるでしょう。子どもの十分な睡眠は子どもの健やかな発達に不可欠であり，家庭と一緒に改善を図っていく必要があ

第9章 保護者理解と援助の基本

る問題です。Work 2 の保育者もユウちゃんの保護者に保育中のユウちゃんの様子を説明し、他の家庭で工夫していることやアイデアを伝えて改善を提案したのですが、結局、それがかなわなかったようです。このような場合、保育者はどうして入眠時間を早めてくれないのかと、保護者の対応に疑問を感じることがあるかもしれません。しかし、家庭での生活をどうしていくかは、保護者が決定するもので、保育者が決めることはできないのです。しかも、保護者が置かれている状況や気持ちを十分に考慮しないで行った助言は、結局、保護者にとっては採り入れてみたくてもできない・続かない助言となってしまう可能性があるのです。

それではどのようにしていったらよいのでしょうか。保育所保育指針には「保護者の自己決定を尊重すること」について次のように書かれています。

→3 「保育所保育指針」第4章「子育て支援」の1「保育所における子育て支援に関する基本的事項」における(1)「保育所の特性を生かした子育て支援」のア。

> ア　保護者に対する子育て支援を行う際には、各地域や家庭の実態等を踏まえるとともに、保護者の気持ちを受け止め、相互の信頼関係を基本に、保護者の自己決定を尊重すること。

実はこの言葉のなかに、保護者への対応のヒントがあります。つまり、Work 2 の場合であれば、どのような方法ならば入眠時間を早めることができるのかを、保護者自身が決めていけるように、保育者は一緒に考える姿勢でいることが大事なのです。その過程で、保育者には、保護者の状況や気持ちをありのまま受け止める受容的態度が求められます。この受容的態度とは、保護者の不適切と思われる行動をそのまま全部受容するということではなく、むしろその行動から保護者を深く理解し、援助の手がかりを見つけていくようにすることを意味します。特に保護者が家庭の状況や気持ちを打ち明けて話すためには、保護者が安心して話すことができる環境が保たれていることや、プライバシーが守秘されることが前提となります。保育者が保護者の決めたことを尊重する姿勢を示すことによって、保護者との信頼関係が育まれていくのです。このような保護者の自己決定を尊重する保育者の姿勢が、「共に子どもを育てる」関係、すなわち保護者とのパートナーシップにつながっていくのです。

2 保育の専門性を活かした子育て支援

❶ 園の機能や専門性を活かした子育て支援

　幼稚園教育要領には，保護者や地域の人々へ子育て支援を行うにあたって，子どもの生活や遊びに適した園の機能や施設を開放して，地域における幼児期の教育のセンターとしての役割を果たすことが書かれています。

> ➡4 「幼稚園教育要領」第3章「教育課程に係る教育時間の終了後等に行う教育活動などの留意事項」の2。なお，「保育所保育指針」では，第4章「子育て支援」の3「地域の保護者等に対する子育て支援」に同様のことが示されています。

　　幼稚園の運営に当たっては，子育ての支援のために保護者や地域の人々に機能や施設を開放して，園内体制の整備や関係機関との連携及び協力に配慮しつつ，幼児期の教育に関する相談に応じたり，情報を提供したり，幼児と保護者との登園を受け入れたり，保護者同士の交流の機会を提供したりするなど，幼稚園と家庭が一体となって幼児と関わる取組を進め，地域における幼児期の教育のセンターとしての役割を果たすよう努めるものとする。その際，心理や保健の専門家，地域の子育て経験者等と連携・協働しながら取り組むよう配慮するものとする。

　園には，幼児期の子どもの生活や遊びに適した環境が十分に整備され，子どもが安全な環境のもと，のびのびと活動できるようになっています。また子どもの発達に関する専門的な知識や情報，保育技術をもった保育者がいて，一人一人の子どもの育ちに応じた適切な保育を行っています。こうした園の環境や保育の専門性を園児と保護者だけでなく，広く地域の人たちにも提供し，積極的に子育てを支援していくことが求められるようになっています。たとえば，園の子育て支援では，保護者の子育ての相談に応じたり，子育てに関する情報を提供したりするほか，未就園児の保育活動や保護者同士の交流を目的とした企画などが行われています。

第9章 保護者理解と援助の基本

❷ 地域の関係機関等との連携・協働

　図9-2を見てください。園は、地域の公的施設であり、地域のさまざまな関係機関と連携し協力して子育て支援を行っています。たとえば、子どもの発達や家庭の状況によっては、園の役割や専門性を超えた支援が必要となる場合があります。このような場合には、行政の担当課に加えて児童相談所や保健センター、嘱託医、療育センター等と連携・協働して、子どもや家庭に対して効果的で適切な支援を行っていきます。そのためには普段から、地域の関係機関等と連絡を取り合うなど、連携・協働しやすい体制を整えておくことが重要です。また、特別な配慮を要する子どもについては、小学校でも適切な支援が受けられるように、子どもや家庭について園から丁寧に申し送るなど、小学校との緊密な連携を図ります。なお、こうした地域の関係機関等との連携・協働には、子どもや家庭のプライバシーや個人情報の共有が不可欠です。保育者は保護者や子どものプライバシーの保護、知り得た情報の秘密保持を遵守しなければなりませんが（守秘義務）、子どもが虐待を受けているような状況など、秘密を保持することが子どもの利益に反するような場合には、守秘義務違反にはなりません➡5。関係機関と緊密に連絡を取りながら園全体で子どもや家庭の状況を共有して、担当者を中心に組織的に取り組んでいきます。

➡5　秘密保持義務（守秘義務）については、児童福祉法第18条の22において「保育士は、正当な理由がなく、その業務に関して知り得た人の秘密を漏らしてはならない」と規定されています。ただし、児童虐待を受けたと思われる子どもを発見した場合は、児童相談所等に通告する義務があり（児童虐待の防止等に関する法律第6条第1項）、虐待通告については、守秘義務違反にはならないという規定があります（同法同条第3項）。

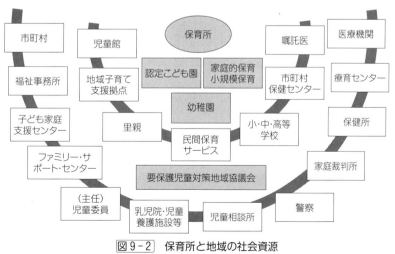

図9-2　保育所と地域の社会資源

➡出所：寺田清美・大方美香・塩谷香（編）『乳児保育』中央法規出版、2015年、p. 170。

3 園を利用している保護者に対する子育て支援

❶ 保護者との緊密な連携を図る

幼稚園教育要領には，園児の保護者との連携について，次のように書かれています。

> 家庭との緊密な連携を図るようにすること。その際，情報交換の機会を設けたりするなど，保護者が，幼稚園と共に幼児を育てるという意識が高まるようにすること。

保育者は，園児の保護者との緊密な連携を図り，子どもの福祉を重視した保育を行います。子どもは日々園と家庭を往復して生活しており，園と保護者の緊密な連携は，子どもの健やかな育ちにとって不可欠です。保護者との連携は，たとえば連絡帳や送迎時の対話，個人面談のほか，保育参観や保育への参加，行事などのさまざまな場面を通じて行います。保護者の子育てを尊重し，保護者の子どもへの思いを十分に受け止め，不安や心配事がある時にはそれに寄り添い支えながら，保護者が子育てに対する自信や意欲を高めていけるようにしましょう。

❷ 連絡帳を通した子育て支援

一般的に連絡帳には，図9-3のように，保護者記入欄と保育者の記入欄があり，家庭と園を毎日往復しながら，互いに子どもの様子を伝え合います。園によっては連絡帳を使用していないところもありますが，連絡帳は保護者が家庭での子どもの様子を園へ知らせ，園が保育中の子どもの様子を保護者へ伝えるために使われます。時には保護者から子育てに関する相談が書き込まれることもあり，連絡帳は，保育者が相談に応えることを通して保護者の子育てを支える役割ももっています。そのため連絡帳は子どもの育ちの記録であ

➡6 「幼稚園教育要領」第3章「教育課程に係る教育時間の終了後等に行う教育活動などの留意事項」の1の（3）。なお，保育所保育指針では，第4章「子育て支援」の2「保育所を利用している保護者に対する子育て支援」の(1)「保護者との相互理解」に同様のことが示されています。

第9章 保護者理解と援助の基本

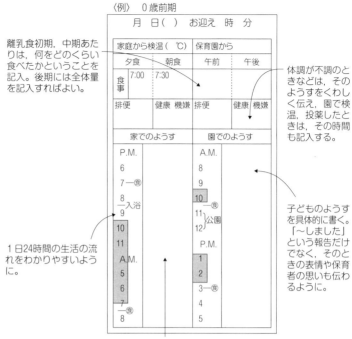

図9-3 家庭と園の24時間が見通せる連絡帳の例
▶注： 部分は睡眠時間を表す。
▶出所：新澤誠治・今井和子『家庭との連携と子育て支援』ミネルヴァ書房，2000年，p.127。

ると同時に，保護者と保育者が互いに心を通わせながら歩んだ記録ともなり，子どもや保護者にとってかけがえのない宝物になります。

次のEpisode 1・Episode 2は，連絡帳を通じた保護者と保育者のやりとりの様子です。連絡帳のやりとりを通じて，保護者と保育者がどのように子育ての情報や気持ちを共有し，子育てを支援しているかを考えてみましょう。

Episode 1-1　卒乳（2歳児）――保護者より

昨日，寝る時に「もう2歳になったから，お兄ちゃんだね！ おっぱい，ないないだね～」と話しながら，「ところで今日，保育所で何してきたの？」と聞いてみました。そうしたら，けいたが歌を歌いたいと言い出して「カエルのうた」と「キャベツのなかから」を歌ってくれました。すっかり親子で楽しんだ後，そのままけいたは，すんなり寝てしまいました。やったー。1回も泣かず，「おっぱいを忘れよう」と寝てくれました!!

卒乳は子どもの離乳完了を意味するだけではなく，保護者にとって子育ての節目となる出来事です。入眠時に授乳を必要としていたけいたくんが，昨晩は泣かずに寝てくれたようです。保護者がその喜びを保育者へ伝えています。また家庭での親子のやりとりの様子から，保護者が楽しんで子育てしていることも伝わってきます。

　この保護者からの連絡を受けて，保育者は次のように返しています。

Episode 1-2　卒乳（2歳児）——保育者より

　もう，けいたくんも2歳なんですね。このままおっぱい離れるといいですね。言葉もいろいろと出てきたので，私たちも楽しみです。早く，けいたくんの歌が聞きたいと思います。今日はおやつ後，久しぶりにお散歩に行きました。帰りは頑張って歩いてくれましたよ。

　保育者は，保護者の卒乳の喜びを受け止めるとともに，保護者と同じ気持ちで卒乳を願っていることを伝えています。また卒乳だけではなく，言葉がいろいろと出てきていることや，散歩の帰り道も頑張って歩いたことなど，言葉の発達や体力的な面から子どもの育ちを保護者へ伝えています。このような保育者の言葉から，保護者は子どもの育ちを多面的に理解し，保育者と共に子育てしていることを実感できるようになるのです。

Episode 2-1　手づかみ食べについて（2歳児）——保護者より

　食事で手づかみです。初めはスプーン，フォークを持っていますが……気づくと手で食べることが多く，私が手を差し出すと，どこかへプイッと行ってしまいます。最後は一口一口食卓へ通って食べている感じなんです……。

　このエピソードには，子どもの食事に関する相談が綴られています。このように連絡帳には，保護者から子育ての相談が寄せられることがあります。特に1～2歳頃になると，子どもの食事に関する保護者からの相談が多くなり，十分に栄養が摂取できているかどうかだけでなく，食事のマナーに関する相談も増えてきます。これは保護者が子どもの成長に合わせて食事のマナーを意識するようにな

り，子どもに教えるようになるためなのです。
　さて，この相談を受けて，保育者は次のように返しています。

Episode 2-2　手づかみ食べについて（2歳児）――保育者より

　わかりました。まだ上手に食べられないので，つい手が出ますよね。保育所では，食事の途中でどこかに行くことはなく，おりこうさんにしています（笑）。繰り返しスプーンやフォークを使っていけば上手になりますよね!!

　保育者は，保護者へ手づかみ食べになってしまう理由を説明した後，保育所での食事の様子を伝えています。家庭での姿とは異なり，保育所ではきちんと食卓についていることを伝えることによって，保護者が安心感をもてるようにしています。また，今は上手に使えなくても，スプーンやフォークを繰り返し使っていくことで次第に上手に使えるようになることを，子どもの育ちの見通しとして伝えています。
　このように連絡帳を通して，保護者と保育者は子どもに関する情報や育ちの様子を共有するなかで，子育ての喜びや不安を分かち合っています。また保育者は保護者の不安や困難な気持ちに共感しながら，子どもの育ちの見通しを具体的に伝え，安心感がもてるように援助しています。
　一方で保育者もまた，連絡帳を通して保護者から子どもに対する愛情と保育者への信頼を感じています。言い換えれば，子育て支援を通して，保育者は保護者を支えるだけでなく，同時に保護者によって支えられてもいるのです。保育者は，保護者から子育ての喜びの言葉を聞いたり，保護者の保育者への信頼を感じたりするなかで，自分の保育に対する充実感を得て，翌日の保育に向かうことができるのです。
　しかし，時には，保護者からの記入がない場合があります。このような場合には，保護者に対して連絡帳を書く意義を丁寧に伝えつつ，保護者にも何か書けない理由があるのかもしれないと，保護者に寄り添う姿勢も大切にしたいものです。決して子育てをないがしろにしているわけでも，連絡帳を書かなくていいと思っているわけでもなく，保護者の仕事や家庭の状況によってはどうしても書けな

❸ 保育を可視化し，保護者へ伝える

保護者にとって園の保育はブラックボックスのように，外側から見えにくくわかりにくいものです。保育者と保護者が子育てのパートナーとなり，保護者と一緒に保育をつくりあげていくためには，子どもが園でどのような経験をして，どのような学びをしているかを可視化する（「見える化」する）とよいでしょう。[7]

たとえば，日常の保育での子どもの何気ない表情やしぐさを映像や写真に記録し，保育者ならではの温かく専門的な視点からの言葉を添えて，子どもたちの学びや育ちの姿及びそのプロセスを保護者に伝える方法があります。図9-4のように遊びや活動の展開やその過程での子どもたちの経験を記録したものを「ドキュメンテーション」と言い，個人の成長の過程を伝えるものを「ポートフォリオ」と言います。これらは，保護者が園での子どもの生活や学びを理解するのに役立ちます。

また保護者が「お父さんせんせい」「お母さんせんせい」等となって，実際の保育に参加する「保育参加」という方法があります。園によって保育参加の仕方はさまざまですが，登園から降園まで保護者が子どもと遊ぶだけでなく，「せんせい」と同じように保育の準備や片付け，掃除を行っている園もあります。こうした保育参加は，保育に対する保護者の理解を深めるうえで貴重な機会となります。図9-5に保育参加した保護者の感想等が書かれています。保護者が他の子どもの様子を見ることによって，わが子の様子を客観的に理解したり，子どもへの保育者の関わりがモデルとなってわが子への関わりの参考にしたりするなど，保護者が自ら子育てする力を高めるうえで，保育参加が有効なことがわかるでしょう。一方，保護者の保育参加を通して，保育者も豊かな学びが生まれます。たとえば，子どもの遊びが保護者によって発展したり促進されたりする様子から，保育者が気づきを得ることがあります。また保護者の子育て観や子育ての方法，親子関係などを知ることができるので，家庭を理解するうえでも役立ちます。こうした保育参加を積極的に行っている園では，保育をオープンにし，保護者と共に保育をつくりあげるという意識が高いようです。保護者にとっても保育者に

[7] 大豆生田啓友「新制度時代の保育の場における子育て支援の展望と課題——家庭連携による保護者支援を中心に」『発達』140, 2014年, pp. 36-42 など参照。

第9章　保護者理解と援助の基本

図9-4　ドキュメンテーションの例

▶資料提供：港北幼稚園（神奈川県横浜市）。

> 参加した保護者の感想等
> - 子どもたちとどう接すればいいかと考えていたが、考えるより"自分もあそべ"という気持ちで飛び込んだ。子どもたちも快く自分を受け入れてくれてうれしかった。
> - 普段見られない幼稚園の内側からの様子を見られ、娘の園での話しを聞くときも会話がはずみそうだ。日常のことばかけも大切にしていきたいです。
> - ものすごく楽しい時間を過ごすことができた。クラスの中にはいろいろなタイプの子どもがいて、その一人一人にあった対応をしてくださる先生たちの姿を見て、感謝の気持ちを改めて持ちました。
> - 家の中では見ることができない楽しそうに遊ぶ我が子の表情などを見られて、とてもうれしかった。
> - 今まで以上に子どもが大好きになりました。
> - 1日保育に参加させていただき、子どもたちそれぞれがいい顔をしていて、みんなのいいところを見つけられたということがうれしく、私自身子どもたちからパワーをもらった気がした。

図9-5 保育参加した保護者の感想等

出所：埼玉県「保育所・幼稚園の保護者の保育参加事例集」（幼稚園における取り組み事例）http://www.pref.saitama.lg.jp/a0607/oyashien.html（2018年10月30日閲覧）より。

とっても効果のある保育参加とするためには、事前に保護者に対して保育参加の目的を十分に説明するとともに、保育参加を通じて保護者からあがった疑問や要望などに丁寧に答えていくことが必要です。今後ますます保護者の勤務状況や生活スタイルが多様になっていくと考えられ、保護者の状況に応じた、保護者が保育に参加しやすい工夫や取り組みが求められています。

4 地域の子育て支援の実際

❶ 地域子育て支援の意義と役割

図9-6を見てください。3歳以上になると保育所・幼稚園・認定こども園等で保育を受ける子どもの割合が高くなりますが、それと比較すると3歳未満の子どもの多くが家庭で過ごしていることがわかるでしょう。家庭では主に保護者が子育てしていますが、核家族化の進行や地域のつながりの希薄化など、家庭を取り巻く環境は決して子育てしやすい状況とは言えません。そのため孤立した子育てを続けている保護者もいて、育児不安や育児ストレスが高まって

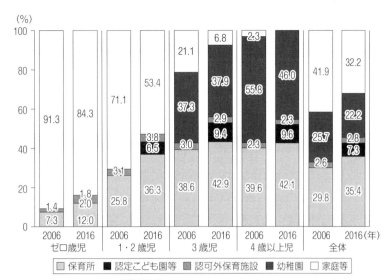

図9-6 就学前児童の保育状況

➡注：1）保育所入所児童数は「福祉行政報告例（厚生労働省〈2016年4月1日現在〉）」（概数）による。
2）認定こども園等の在園児数は全年齢において，幼保連携型認定こども園のほかに，地方裁量型の在園児数を含む。3歳未満児については，さらに，幼稚園型認定こども園，地域型保育事業の入所児童数も含む。
認定こども園および地域型保育事業の在園児数は内閣府「認定こども園に関する状況について〈2016年4月1日現在〉」と厚生労働省「保育所等関連状況取りまとめ〈2016年4月1日現在〉」の数値から算出。
3）認可外保育施設利用者数は「認可外保育施設の現況（2016年3月31日現在）」による。
4）幼稚園在園児童数は「学校基本調査（文部科学省〈2016年5月1日現在〉）」による。
5）就学前児童数（0～5歳児人口）は人口推計（総務省統計局〈各年10月1日現在〉）をもとに，以下のような修正を加え4月1日現在の人口を推計した。
A歳児人口＝10月1日現在のA歳児人口×$\frac{6}{12}$＋10月1日現在の（A＋1）歳児人口×$\frac{6}{12}$
6）合計は100.0％にならない場合がある。

➡出所：全国保育団体連絡会・保育研究所（編）『保育白書（2018）』ひとなる書房，2018年，p. 12。

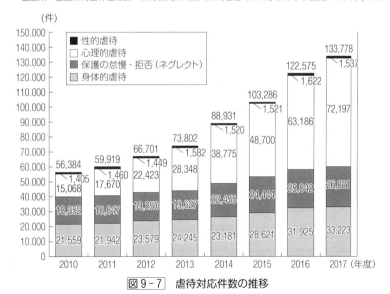

図9-7 虐待対応件数の推移

➡注：2010年度は，東日本大震災の影響により，福島県を除いて集計した数値である。
➡出所：厚生労働省「福祉行政報告例」。

しまうことがあります。言うまでもなく，子どもはひとりの人間なので保護者の思いとは違うことをしたり，言ったりするのは当然のことなのですが，それが続くと保護者の育児ストレスが高まったり，子育てに自信をなくしてしまったりすることがあるのです。図9-7に示すように，年々，児童虐待に関する相談件数が増加しています。児童虐待を未然に防ぐためにも，私たち保育者には，地域の保護者から寄せられる子育て相談の一つ一つに適切に応じ，保護者の子育てする力を高めることを通して，保護者の育児不安や育児ストレスを軽減していくことが求められています。

❷ 地域子育て支援の実際

　近年，保護者の働き方や生活スタイルが多様になり，子育て支援のニーズも複雑で多様になっています。このような状況に対応するため，国は2015年4月，すべての子育て家庭を対象にした子ども・子育て支援新制度を本格的にスタートさせました。子ども・子育て支援新制度においては，地域型保育事業[8]などの充実や，地域子育て支援拠点事業[9]の機能強化等が図られています。

　地域子育て支援では，家庭で子育てしている保護者からの相談に応じるとともに，親子が他の親子と交流する機会や場所の提供，子育てに関する情報提供を行っています。家庭で子育てしている保護者には，孤立して子育てしていたり，相談できる人が身近にいなかったりする人もいます。地域子育て支援では，親子を温かなまなざしで受け入れるとともに，保護者が子育てする力を高めていけるようにしていきます。次のEpisode 3は，保護者が自ら気づいて子育てする力を高めていった例です。

▶8　地域型保育事業
「小規模保育事業」「家庭的保育事業」「居宅訪問型保育事業」「事業所内保育事業」を，市町村の認可事業として児童福祉法に位置づけ，地域型保育給付の対象となっている事業のことです。

▶9　地域子育て支援拠点事業
公共施設や保育所，児童館等の地域の身近な場所で，乳幼児の親子の交流や育児相談，情報提供等を実施する事業のことです。新制度において，「地域子ども・子育て支援事業」として示された13事業のなかの1つです。

Episode 3　さっちゃんのおひなさまとお母さんの気づき

　もうすぐひな祭りを迎える頃のことです。子育て支援センターに来ていたさっちゃんとお母さんは，おだいりさまとおひなさまの塗り絵を塗っていました。保育者が近寄ると，お母さんは「この子はおひなさまの目を赤色で塗ってしまうので，私が上から黒く塗り直しました」と話し出しました。それを聞いて保育者は，自由に好きな色で塗ってもいいのだけれど……と思いましたが，何も言わずににっこり笑ってうなずきました。保育者は，これまでの様子から，さっちゃんのお母さんは，とても子育てに熱心で，さっちゃんのことをとてもかわいがっている反面，完璧な子育てをしなくては……と少し力が入

りすぎているように感じていました。

　他の子どもたちもおひなさまの塗り絵が完成したので，保育者はみんなの塗ったおひなさまをテーブルの上に飾りました。子どもたちが思い思いに塗った色とりどりのおひなさまが並びました。

　それを見たさっちゃんのお母さんがつぶやきました。「あら，赤い目もオッケーだったのね」。よく見ると，おひなさまは緑の目や青い目など，さまざまに彩られていました。

　実はさっちゃんのお母さんの気づきは，それで終わりではありませんでした。その後，さっちゃんのお母さんは，さっちゃんが他の子どもたちと遊んでいる時には，帰りの時間が来ても，以前のように，さっちゃんの手を引いて帰ることはせず，見守って待っているようになりました。そして，そうしたさっちゃんのお母さんに他のお母さんが話しかけることも多くなり，さっちゃんのお母さんの笑顔が増えていったのでした。

　みなさんは，なぜ，さっちゃんのお母さんが，他の子どもたちや保護者に目を向けるようになったのだと思いますか。お母さんの立場を自分に置き換えて考えてみましょう。たとえば，みなさんが生き生きと自分らしくいられる時は，どんな時でしょうか。まず，ありのままのあなたを受け入れてくれる雰囲気があることが前提となっていると思います。反対に，あれこれ細かく「ああしたほうがいい」「こうしたほうがいい」と言われると，かえって萎縮したり頑なになってしまい，自分らしさを発揮しづらく感じるのではないでしょうか。同様に保護者の子育てする力を高めていくには，事細かく保護者へ指導することよりも，まずは今，保護者がしている子育てを温かい気持ちでおおらかに受け止め，認めていくことが大事になります。つまり他者から認められることにより，本来その人がもっている子育てする力を発揮できるようになっていくのだと思います。そしてその人自身の子育てする力を発揮できるようになると，他者からの助言を受け入れる心の柔軟さも生まれてくるのです。

　特に「こうしたほうがいい」という助言が多すぎると，かえって保護者を追い詰めてしまうことがあります。さっちゃんのお母さんのように，完璧な子育てをしようと頑張っているお母さんは「もう少し肩の力を抜いたほうがよい」という助言を，「頑張り過ぎてしまうダメな親だ」というメッセージとして受け止めてしまうことがあります。完璧な親はいませんし，完璧な子育てなどというものもありません。保護者が子育てしながら，親として少しずつ成長していく過程を温かなまなざしで見守り，保護者自身が気づいていくのをゆっくり待つことで，保護者のもつ自ら子育てを実践する力を高めていくことができるのです。

▶10　ジャニス・ウッドキャタノ，三沢直子（監修），幾島幸子（訳）『完璧な親なんていない！』ひとなる書房，2002年。

▶11 要保護児童対策地域協議会

児童福祉法第25条の2に規定されている，虐待を受けている子ども等の早期発見・早期対応を図るため，関係機関・団体等によって構成される組織のことです。関係機関・団体等の連携により親子に関する情報を共有し，多方面から適切に支援することが可能となります。

しかしながら，特に子どもが虐待されているなど，緊急の場合は，すぐに対応しなければなりません。要保護児童対策地域協議会などの関係機関等と子どもやその家庭に関するさまざまな情報を共有し，連携及び協力して取り組むようにします。子どもの支援のために必要である場合には，子どもや家庭の情報について関係機関等と積極的に共有し，よりよい支援を行っていくのです。

Book Guide

- 砂上史子（編著）『保育現場の人間関係対処法』中央法規出版，2017年。
  保育現場における人間関係をエピソードで紹介し，その対処法について書いています。保護者との人間関係や保育者同士の人間関係などのエピソードがわかりやすく解説されています。
- 師岡章『保育者と保護者の"いい関係"——保護者支援と連携・協力のポイント』新読書社，2010年。
  保護者との連携には，園と保護者の対等な立場での関係性が重要であることを基本に，保育現場のエピソードが多数紹介されていてわかりやすく読みやすい本です。

Exercise

1. 幼稚園や保育所，認定こども園等では，保護者が保育を理解するためにどのような取り組みや工夫をしているでしょうか。グループで調べて，話し合ってみましょう。
2. 保育者役・子ども役・観察者役に分かれて，模擬保育を行い，観察者は写真やコメント等を用いて，ドキュメンテーションを作成してみましょう。どのように記録すると読みやすくわかりやすいでしょうか。

第 10 章

「子ども理解」を深めるための保育共同体

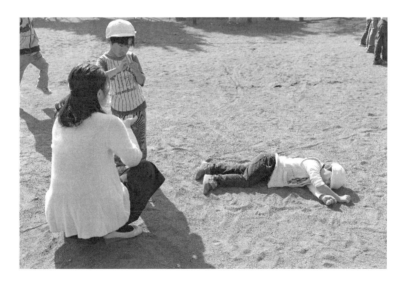

あなたが実習に行ったとき，それまで仲良く遊んでいたFくんとGくんが，ふとしたいざこざがきっかけで，Fくんが怒って地面に横になってしまいました。仲裁をしようと，声を掛けても，Fくんはなかなか起き上がってくれません。担任の先生も，遠くのほうから，こちらをじっと見ているようです。このような場面に遭遇したら，あなたはどう感じるでしょうか？

実習生としては，きっと悩んだり，困ってしまう場面だと思います。こんなとき，目の前で動かないＦくんの思いや，そのＦくんにどう関わればいいかも気になりますが，それだけではなく，担任の先生が，この場面や自分の対応をどのように見ているかも気になるのではないでしょうか。では，このとき，担任の先生が微笑みながらこちらを見ている場合と，眉をひそめながら見ている場合とでは，あなたのそのときの心情や子どもへの関わりはどう変わりますか？　もしかすると，その先生のまなざしによっては，焦りを感じてしまい，じっくりＦくんと関わることが難しくなることもあるかもしれません。
　実は，こうしたことは実習生に限ったことではありません。保育者自身も，常に園内の同僚関係や保護者との関係を背負いながら，日々の保育を行っています。そのため，個々の保育者が，一人一人の子どもの姿をじっくりと見守ったり，理解したいと思っていても，そうした理解や関わりができるかどうかは，周囲の保育者や保護者のまなざしや，そうした人々との関係によっても違ってくると考えられます。一人一人の子どもの姿を丁寧に捉え，じっくりとその「意味」を探っていくためには，どのような関係が求められるのでしょうか？　また，そのような関係はどのようにして構築されていくのでしょうか？
　本章を通して，子ども理解を深めていくために求められる保育者間の関係構造について探っていきたいと思います。

第10章 「子ども理解」を深めるための保育共同体

 子どもを協働的に見ることの意義

❶ 多様な関係や状況のなかで生み出される保育

　みなさんは，本書を通して，ここまで保育のなかで子どもを理解していくために必要なまなざしのありようや，それを深めるためのさまざまな視点について学んできたことと思います。しかし，そうした子どもを理解する保育者のまなざしは，決して，それぞれの個人的な努力だけで深まっていくものではなく，保育という場に存在するさまざまな人との関わりのなかで変容したり，深まっていくプロセスがあることも知っておく必要があります。

　また，本書第3章では，子どもたちの見せてくれる姿というのは，決して，その子ども個人の能力や個性として説明がつくものではなく，周囲との関係や状況のなかで生まれているものであるということを学びました。そこでも触れられていたとおり，子どもに関わる保育者の保育実践は，その保育者を取り巻くさまざまな関係や状況のなかで生み出されているものでもあります。保育とは，決してその保育者が一人で営んでいるものではなく，子どもや同僚保育者，保護者など多くの人と共に営んでいるものであり，それらの人々とどのような関係が築かれているかによって，その人の保育はもちろん，子どもへの理解のあり方も大きく影響を受けることになります。

　たとえば，保育の場において，子どもたちの姿や行為をさまざまな関係の網の目のなかにあるものとして捉え，その複雑で多層的な関係を読み解いていこうとする場合，一人一人の保育者に捉えられる子どもの姿には限りがあります。子どもは常に担任保育者の目の届く範囲で遊んでいるわけではありませんし，そこで見せている姿がその子のすべてというわけではなく，異なる環境や状況のなかでは，いつもと違う姿を見せていることもあります。そのため，その子が，その時見せている姿や行為のもっている「意味」を探っていこうとするためには，より広い視野から，その子が置かれているさまざまな状況や関係を捉え，その子にとって，より自分らしく，自

己発揮していける環境や手がかりを模索していく必要があります。

❷ 保育者の共感的まなざしを支える周囲のまなざし

Episode 1　自分のクラスに戻って来ないハルカ

　4月に入園してきたハルカ（3歳）は，毎日登園してきて自分のクラスの保育室に入ってロッカーに荷物を置くと，すぐに姉のレイカ（5歳）のいる年長クラスに行ってしまいます。お弁当や降園前の帰りの会には戻ってくるものの，一日のほとんどを年長クラスで過ごしていました。
　ハルカの担任のA先生も，年長クラスの担任をしているB先生も，「きっとハルカは入園間もない不安からお姉ちゃんと一緒にいたいのだろう」とハルカの思いを推察し，温かく見守っていました。その一方で，A先生は，ハルカ自身が，早く自分のクラスや園にも慣れて，安心していられる居場所や自分から関われる遊びを見つけてほしいという願いもありました。年長クラスに行ってしまったハルカをそのままにするのではなく，時には，クラスの子どもたちと一緒に遊びに誘いに行き，ハルカがクラスの子どもたちと関わったり，遊びでつながるきっかけが生まれるような関わりも心がけていました。しかし，ハルカは，みんなに誘いに来られると一緒にクラスに戻って来たり，みんなの遊びに参加はするものの，ふと気がつくとすぐに年長クラスに戻ってしまっているのです。また，クラスメイトと遊んでいる時にも，笑顔が出ることは少なく，時折，硬い表情を見せている姿も気になりました。
　そんなハルカの姿から，次第に，A先生は，ハルカが年長クラスに行くことを好むのはなぜなのか，姉のレイカがいるからという理由以外にも，何かハルカを惹きつけるものがあるのだろうか，と考えはじめました。そこで，B先生に，ハルカが年長クラスに行った際に，どのように過ごしているのか，ハルカの様子を詳しく聞いてみることにしました。
　すると，ハルカとレイカは仲のいい姉妹ではあるものの，レイカはクラスに自分の友達がいるため，ハルカの面倒をずっと見てくれているわけではなく，ハルカを置いて，自分は他の友達と遊んでしまっていることもよくあるとのことでした。そんな時のハルカは，他の年長児から声を掛けられ，その子たちと一緒に遊ぶ様子も見られるが，そうでない時でも，保育室の壁際の大型積み木の上などに一人で座って，笑顔で楽しそうに他の子どもたちが遊んでいる様子を見ているとのことでした。また，そんなふうにみんなの遊んでいる様子から，おもしろそうなことを見つけると，そっと自分から近づいてきてやってみる姿も見られるとのことでした。
　そんなハルカの様子を聞いたA先生は，ハルカが，必ずしも姉のレイカと一緒にいたいという理由だけで年長クラスにいるわけではなく，そこで起こる出来事や遊びに興味をもっていて，自分なりに関わっていくことを楽しんでいるのではないかと考え，ハルカを自分のクラスに戻るよう誘う働きかけを急がず，まずは，毎日の保育が終わった後に，B先生に，年長クラスでのハルカの様子を聞きに行くようになりました。そして，その日，ハルカが興味をもったことや遊びの様子などを毎日丁寧に聞いていくうちに，ハルカは製作が好きらしく，何かつくっている子がいる時には，特に興味深そうにそちらを観察していたり，B先生の誘いを受けて，自分でもつくってみたりすることを楽しんでいる様子が見えてきました。

A先生は、ハルカを、ただ自分のクラスに戻そうとするのではなく、なぜハルカが年長クラスで過ごすことを好むのか、その理由がどこにあるのか（ハルカにとっての心地良さや興味・関心などがどこにあるのか）を考えたいと思い、それを探ろうとしていきました。A先生が、そのようにハルカの側に立って、ハルカの思いを個別的・共感的に探っていくことができたのは、そうしたA先生の思いを共有し、ハルカが年長クラスで過ごすことを受け入れ、ハルカの日常の様子を丁寧に観察し、A先生に伝えてくれていたB先生の存在が大きかったと思われます。さらには、2人のそうした協働を受容的に見守る園全体の風土があったからこそとも言えるでしょう。

　もしも、ハルカがきょうだい関係を拠り所として他のクラスに行ってしまうことや、自分のクラスになかなか戻らないことを、自己中心的な行動や未熟で依存的な姿と捉え、指導し改善すべき「問題」として、早くハルカをクラスに戻すことをA先生に求めるような「まなざし」が園内の保育者間にあったとしたら、A先生は、ハルカに自分のクラスに戻るように働きかける関わりを重ねざるを得なかったでしょう。だとしたら、ハルカがどんなことに興味や関心をもち、どのような状況であれば、生き生きと参加する姿が生まれてくるのかを探っていこうとするような姿勢やまなざしはもちにくかったかもしれません。また、そうした保育者の姿勢やまなざしがない場合には、結果として、子ども自身のさまざまな状況によって生まれるはずの多様な姿も生まれてこないため、ハルカを理解するための手がかり（ハルカが興味を示していることなど）もつかめなかったのではないでしょうか。

❸ 協働的に見ることから拡がる子どもへの理解

Episode 2　好きな遊びを通して生まれてきた居場所

　ハルカが製作や繊細な手作業が好きなことを知ったA先生は、例年であれば、入園間もない時期の年少クラスでは、まだ使っていなかったハサミなどを、少し早めに製作コーナーに少しずつ揃え、ハルカがつくりたいものがつくれるような環境を整えていくようにしました。すると、ハルカは、そうした環境にも少しずつ興味を示すようになり、朝、登園してくると、そこで何か1つつくってから、それを持って年長クラスへ行くようになったのです。

そんなある日，年長クラスの製作コーナーで何人かの子どもたちが「かざぐるま」をつくっていました。折り紙に切れ目を入れて羽をつくり，ストローの柄に爪楊枝で留めた「かざぐるま」は，風を受けてクルクルと軽やかに回るため，年長の子どもたちもうれしそうに手に持って走っては，回る様子を楽しんだり，お互いに交換して回った時の模様を見合ったりしています。ハルカもとても興味をもったようで，レイカの分を貸してもらおうと頼んだり，手を伸ばしたりするのですが，レイカも自分のかざぐるまを気に入っていて，なかなかハルカに渡してくれません。自分でつくってみようと机に近寄りますが，難しそうに感じるのか，他の年長児の作業をじっと見るだけで，めずらしく手を出そうとしませんでした。しかし，その後，ハルカは，すっとその場を離れると自分のクラスに戻り，A先生に「かざぐるまをつくりたい」と伝えに行きました。初めて自分から保育室に戻ってきて，自分のしたいことをはっきり主張したハルカに，A先生は一緒にどうやったらつくれるかを考え，材料を探すところからハルカに寄り添いつくっていきました。出来上がったものは，年長クラスの子どもたちがつくっていたかざぐるまとは少し違っていましたが，ハルカはとても気に入ったらしく，その日は一日自分のクラスの保育室で，そのかざぐるまを持って遊んでいました。そして，そのかざぐるまに興味をもった子どもたちが近づいてくると笑顔で走って，かざぐるまを回して見せるなど，クラスの子どもたちとの関わりも生まれていたのです。

　その後，少しずつでしたが，ハルカが自分の保育室で過ごす時間も増えてくるようになり，ハルカのつくるものに興味をもって一緒につくろうとする子どもたちとの関わりも広がっていきました。

　　A先生は，B先生が丁寧に捉え，伝えてくれた年長クラスでのハルカの姿から，ハルカの興味のあること，やりたいことが実現できる環境を整え，少しずつ自分のクラスでもやりたいことやおもしろいことがあるのだとハルカが感じられるような状況をつくっていきました。ハルカは，そうした環境を通して，自分を見守ってくれるA先生の存在を感じていたからこそ，年長クラスではつくれなかった「かざぐるま」をつくりたいと思った時に，A先生にその思いを発信する姿が生まれてきたのではないでしょうか。

　　また，ハルカが年少クラスで仲間関係を築き，遊びを展開していくようになってから，しばらくして，A先生たちが改めて気づいたことがありました。それは，ハルカが，製作以外にも比較的イメージのはっきりした遊びやルール性のある遊びを好み，そうした遊びのほうがハルカにとっては参加しやすいようであるということでした。入園前まで，年上の姉と姉の友人たちに囲まれて遊んでいたハルカにとって，入園直後で，園の環境にも遊びにも慣れずに手探り状態で模索している新入園児でいっぱいの自分のクラスは，遊びのイメージも混沌としていて移り変わりやすく，どのように関わっていけばいいのか戸惑いや不安を感じるものだったのかもしれません。そんなハルカにとっては，ごっこ遊びなどでも，明確にイメージを

第10章 「子ども理解」を深めるための保育共同体

伝え，役割分担もわかりやすく発信してくれる姉や姉の友人たちとの遊びは，イメージも見えやすく，参加のしやすい環境だったのではないかと，A先生とB先生は，園内の先生方と一緒に振り返っていました。

　ハルカのそのような戸惑いや不安を，単に，なかなか自分のクラスに戻って来ない「問題行動」と捉えるのではなく，保育者間で情報を共有し，さまざまな場や状況における子どもの姿を複数のまなざしで捉え，関わることを通して協働的に見ていくことで，その子にとって落ち着ける場やそこでの遊びの様子から，その子の興味・関心のもてるもの，参加のしやすい状況や環境が見えてきたのです。そして，その結果として，ハルカ自身が新しい環境のなかでも，自分なりに関わりを広げていく過程を支えていくために必要な視点や手がかりを，保育者も発見していくことにつながっていったと考えられます。

2　子どものことを「語り合う」関係の構造を探る

❶「語り合う」ことの意義

　ここまで見てきたように，子どもを園内の複数の保育者で共に見て，共にそのことの意味を考え，子どもへの理解を深めていこうとすることは，子ども自身の多様な育ちのプロセスを支えるためだけでなく，保育者が，独りよがりな見方から抜け出し，子どもを多面的に捉えていけるようになっていくためにも，とても重要な意義があると佐伯は指摘しています。佐伯は，そうした協働的な保育の実践や理解を通した保育者の学びにおけるもっとも重要な意義は，「多元的な視点から保育をみる」ことができるようになることであると指摘します。そして，それぞれの保育者による異なる視点（観点）からの捉え方をもとに語り合い，それらを重ね合わせるなかで，現実をより生き生きとしたリアリティに即して多様に考えてみることができるようになるというのです。

　しかし，そのような多元的な視点を，それぞれの保育者が「語り

➡1　佐伯胖「学び合う保育者——ティーム保育における保育者の成長と学び」『発達』83，2000年，pp. 41-47。

合い」を通して獲得し，共に学び合い，子どもへの理解や子どもを見るまなざしを深めていくことは，決して簡単なことではありません。経験も考え方も異なる人々が集まって話をする際に，いつも活発な議論や，たくさんの発見や学びが生まれるような生産的な語り合いができているかどうか，みなさん自身が学校の授業などでグループディスカッションをする時のことなども思い出してみてください。時には，それぞれが何を発言すべきかわからなくなって沈黙してしまったり，あるいは，誰かの意見に多くの人が賛同している様子を見て，それと違う自分の意見が言い出しにくくなってしまったり，「こんなことを言ったら他の人はどう思うだろうか？」と相手の気持ちや視線が気になって，本音が語れなかったりなど，「語り合い」を難しくしている要件は，実はたくさん存在しているように思われます。

❷「語り合う」ことが苦しくなる時

実際に，保育者の子どもを見るまなざしや理解を深め，自身の保育についての振り返りにつながるような「語り合い」の場は，どのようにして生まれるのでしょうか？　また，そのような「語り合い」が難しくなっている場合，その難しさを生んでいる背景にはどのような関係構造が存在しているのでしょうか？

Episode 3　「語り」が生まれなくなる時

新任保育者のC先生は，普段から友達との関わりのなかでトラブルが起こりやすいカズヤのことが気になっていました。そのカズヤのことを事例検討会で発表した時のことです。

その時期のカズヤと他の子どもたちとの関わりのエピソードをあげながら，カズヤの姿を語ってくれたC先生の報告が終わると，カズヤのことを気にかけつつも，そのカズヤへの援助に悩むC先生の思いに周囲の先生たちも共感し，カズヤのエピソードをもとに，そのことを一緒に考えようとしはじめました。

C先生の隣のクラスを担当していた先輩保育者のD先生は，「このエピソードの時のカズくんの様子は私もそばで見ていたけれど，この時，C先生としてはどんな気持ちだったの？」「カズくんは何でこんな行動をとったと思う？」「C先生としては，この時カズくんにそう関わろうと思ったのはなぜ？」と，C先生の事例を通して，丁寧にC先生へ問いかけていました。それに対して，C先生は，「私としては○○と思ったのですけれど……」「私は，○○することで，カズくんが△△してくれるかなと思って……」。一生懸命，その時のことを思い出しながら説明をしようするのですが，次第に，自信がなさ

そうに声が小さくなっていき，だんだん言葉に詰まったり，苦しそうな表情を浮かべることもありました。そして，気がつくと，事例検討会全体が重い空気に包まれていたのです。

　このエピソードを読んだみなさんは，この事例検討会が重い空気になってしまったのはなぜだと思われるでしょうか？　そもそも，C先生はカズヤとの関わりに悩んでいたのですから，そのカズヤについて語る時には語りづらそうになるのは仕方ないと思いますか？　あるいは，先輩保育者（D先生）からの質問ということで，先輩－後輩という関係に緊張感があったのではないかと推測された人もいたでしょうか？　しかし，実は，D先生は，普段から温かくC先生を見守ってくれていて，C先生にとってはもっとも身近な先輩として，とても良好な関係を築いていました。新任保育者のC先生は，いつもユーモアを交えて楽しく自分とコミュニケーションを取ってくれるD先生は，面倒見のいい先輩であり，頼りにしているように見えていました。

　では，なぜこの時のC先生はこんなに話しづらく苦しい状況になってしまっていたのでしょうか？　その背景にあった要因を，エピソードの続きの場面から考えてみましょう。

❸ 発見や学びを生み出す「語り合い」の構造とは？

Episode 4　「語り」が変わっていく瞬間

　検討会全体が重たい空気に包まれてしまっていた時，他園から参加していたE先生が，「僕はカズくんのことを知らないから，カズくんのことをもう少し聴きたいんだけれど……」と言って，「カズくんって普段はどんなふうに遊んでいるの？」「どんな時に，こういうトラブルが起きやすいのかな？」「この時，周りの子はどんな様子だった？」と質問をしはじめました。

　すると，C先生は，「そうですね，カズくんは，○○のような遊びは好きみたいで，そう言えば，この間もこんな姿がありました……」「トラブルが起こる時は，△△のような時が多いかもしれません。この時も……」と，日頃のカズヤの様子を思い起こしながら，次第に具体的なエピソードを語りはじめました。語りながら，C先生自身も改めて再発見したカズヤの姿に驚いたり，不思議に思ったり，おもしろく感じることなどが出てきたのか，次々と新しいカズヤのエピソードを表情豊かに語ってくれるようになりました。そしてC先生の語りを通して，周りの参加者にもカズヤの姿が目に浮かぶかのように感じられ，そこから，カズヤとカズヤを取り囲んでいる環境や他児との関係について，さまざまな気づきも生まれてきました。

C先生自身も気づいていなかったカズヤの置かれている状況や周囲の関係のありようを再発見し，驚きとともに，自らの気づきを他の参加者と共有することを楽しむ様子が見られました。

「Episode 3」と「Episode 4」では，C先生の様子が大きく変化していることがわかるかと思います。2つのエピソードの間は時間にして5分ほどしか経っていませんでしたし，参加しているメンバーも変わっていないのですが，にもかかわらず，なぜC先生は，こんなに生き生きとカズヤのことを語るようになったのでしょうか？

「Episode 3」と「Episode 4」との違いを考えてみると，まず，D先生とC先生が何を聞こうとしているかという「問い」に違いがあることに気づきます。「Episode 3」でのD先生は，カズヤと関わっていた時のC先生の思いを丁寧に聞こうとはしていますが，そこでは，「C先生がカズヤのことをどう捉えていたのか？」「どのような意図をもって関わったのか？」ということに関心が向けられているようです。すなわち，C先生の「理解」や「援助」について問われているのです（図10-1の（1））。実は，保育者の研修会やカンファレンスなどで実践事例を語り合う際には，こうした「あなたはこの子どもの行為をどう捉えたのか？」「どのような意図で援助を行ったのか？」というような問いかけはよく見られます。もちろん，そうした質問も，共に保育を考えようとする思いから生まれているものだと思いますが，ただ，そのように相手の「解釈」や「意図」を問いの対象にしている場合，ともすると，問われた側は，自分の「解釈」や「意図」が間違っていなかったかどうかが気になり，そこへの評価的なまなざしを感じ，身構えてしまうことにもなりかねません。実際，こうした問いかけは，経験の浅い保育者からではなく，より経験を重ねた保育者からなされることが多いことを考えると，たとえ無意識ではあっても，その問いの背後には，問う側の「理解」や「援助」に対する基準や枠組みが存在しており，それと照らし合わせながら，答える側の「理解（その事例における子どもへの解釈）」や，「援助（その時の関わりや意図）」を評価するまなざしが存在しているように思われます。そこでは，問う側が意識しているか否かにかかわらず，結果として，「質問する側」と「される側」，「評価する側」と「される側」，それをもとに「指導する側」と「さ

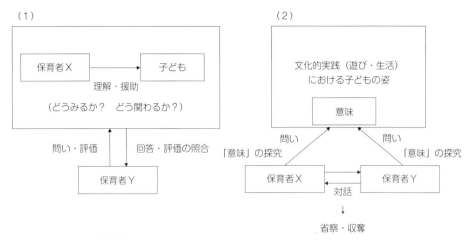

図10-1 子どもについて語り合う際の保育者間の関係構造

出所：佐伯胖『「わかる」ということの意味』岩波書店，1995年をもとに筆者作成。

れる側」という二項対立的な関係に陥りやすい危険性があるのではないでしょうか。

一方，「Episode 4」におけるE先生の質問は，カズヤの普段の遊びの様子やトラブルが起きやすい時の状況，周囲の子どもたちとの関係性など，カズヤ自身とカズヤを取り巻く周囲へ目を向け，それらの状況や関係を探ろうとして，その情報を聞き出そうとしているように見えます。すなわち，カズヤがなぜそのような行動をとるのか，その時，そこでは何が起こっているのかという，子どもの姿や行為の背後にある「意味」（カズヤにとって，その時の状況や関係がもっている「意味」）をC先生と共に探ろうとする問いかけであり，そこでの問いの対象は，相手の「解釈」や「意図」ではなく，子どもの姿そのものであり，その姿がもっている「意味」になっています（図10-1の（2））。三谷は，これらの違いを，「どうかかわるべきか」と「何が起きているか」という問題関心の違いとして整理し，保育者自身が具体的な子どもの姿や状況に目が向くようになり，その具体的な出来事をもとに自らの子どもに対する援助のあり方を探っていけるようになるためには，「どうかかわるべきか」から「何が起きているか」へ話し合いの内容が変わっていく必要があると指摘しています。

実際，この「Episode 4」では，C先生は，E先生の問いに対して答えようと，改めてカズヤの姿やその時の状況を思い起こしていくことを通して，C先生自身が，その時のカズヤの姿と対話し，カズヤの行為の意味を咀嚼し直したり，再発見していました。さらに，

▶2 三谷大紀「保育の場における保育者の育ち」佐伯胖（編）『共感──育ち合う保育のなかで』ミネルヴァ書房，2007年，pp. 109-154。「どうかかわるべきか」より「何が起きているか」を問う大切さについては，本書の第6章でも触れられていますので，そちらも参考にしてください。

そこではC先生だけでなく，D先生，E先生をはじめ，その場に参加している人たちが，それぞれにC先生から語られるカズヤの姿をもとに，「○○の時に，よくこういうトラブルが起こるというのは，もしかすると，カズヤは，△△のように，とっさにその場のイメージを共有したり，文脈が変わったりする場面が少し苦手なのかもしれない」「穏やかで，しかもいろいろなモノを介して関わりをもとうとする○○くんとは，そうしたトラブルがなく，落ち着いて遊べているところをみると，自分のリズムを保ちやすかったり，イメージの共有がしやすい手がかりがあると，カズヤも落ち着いてカズヤらしく参加できるのではないか」などなど，カズヤの行為が生み出されている状況や関係がもつ意味を見出したり，それをもとに，カズヤにとっての心地良さや遊び込める環境のあり方を探っていました。そこでは，「どうかかわるべきか」ではなく，「何が起きているか」が語り合われているのですが，その過程を通して，結果として，それぞれの参加者が，カズヤにとって必要な関わりを見出したり，自分自身の子どもを見るまなざしや保育について改めて振り返ることにつながっていっている様子が見られました。そのような「省察」を通して，その先では，他者の子どもや保育への視点や姿勢を自分なりに活用することが可能になる「収奪」も起こってくるものと思われます。

　このように，子どものことを語り合い，学び合うことを目的とした研修の場でも，そこで，何を共有し，何を問うかという「問い」の対象によって，「語り合い」の様相は変わってきます。それぞれの参加者にとって，自らの保育の省察につながる「語り合い」が生まれるためには，それぞれが，子どもの姿を「共に」見て，子どもの思いや，その子の興味・関心，あるいは抱えている葛藤，またそれを取り巻いている状況に目を向け，それらのもっている「意味」を共に探っていこうとするまなざしが必要となります。そうしたまなざしにとっては，それぞれの視点や見方は，決して評価すべき「対象」ではなく，互いにとって，自分の気づきや発見を広げてくれる「資源」となります。そうした「資源」を手がかりとして，それぞれの理解が協働的に深まっていくのだと考えられます。

➡3　「収奪」とは，外部に存在している知識や技能を，単に機械的・一方的に内部に取り込み「習熟」していくことではなく，発達主体が自分なりの内的論理や志向性を反映させつつ，自分のものとして，知識等を再構築していく能動的な過程を指します。ヴィゴツキーの「内化」概念を論じる際に鍵となる概念でもあり，詳しくは，佐藤公治『対話の中の学びと成長』金子書房，1999年が参考になります。

3 それぞれの子ども理解を深める対話的関係の構築に向けて

❶「一見仲良し」の抱える閉鎖的関係の危険性

　先ほどの「Episode 4」のように，他者との語り合いのなかで，自分一人ではわからなかった子どもの行為の「意味」に気づいたり，思いもかけない子どもたちの姿や関わりを再発見したりということが起こってくると，「語り合い」の場や機会は，そこに参加するそれぞれの参加者にとっておもしろいと感じられるものとなり，語りたいこと，聞いてもらいたいことが増えてきます。そうした「語り合う」風土が醸成されている園の多くは，日常的に，保育者同士で子どものことやその日の保育について語り合う姿が見られ，先輩・後輩にかかわらず良好な同僚関係が築かれているところが多いように見受けられます。そして，そうした園の多くでは，それぞれの保育者が生き生きと子どもと関わり，自分なりに工夫しながら，保育を創造していくことを楽しんでいるのです。子どものことがよく見えてくるからこそ，その子にどう関わりたいか，どんな経験をしてほしいかというような次への展望も生まれてきて，保育がおもしろくなってくるのではないでしょうか。

　しかし，先にも触れたとおり，その時々の状況や関係によっては，そのような「語り合い」が難しくなってしまうこともあります。「指導する―される」という二項対立的な関係に陥ってしまうこともあれば，逆に，そうした関係が生成されるのを恐れて，あえて，見方や意見の差異（違い）が可視化されないように，本質的な語り合いを避け，「仲の良い」コミュニケーションに終始する関係になってしまっている場合もあります。葛藤や軋轢を避けるために，その場の「空気を読む」ことで，周囲に合わせたり，「そうすることになっている」という「暗黙のルール」に縛られ，逆に，「なぜだろう？」「これでいいのか？」というような問いも生まれなくなっているような状態です。葛藤は生まれず，一見，仲の良さそうな関係ではありますが，そのために，自分たちの既存の規範や規則

を共有し，仲間内でそれを守っていくことが優先されてしまうと，改めて自分たちの保育や子どもの見方を問い直したり，新しく何かを発見することなどは生まれてきにくくなってしまうのではないでしょうか。

柄谷は，「声や視点を多数化することでダイアローグやポリフォニーが成立するわけではない」と述べ，複数の人の声や視点を出し合ったからといって，必ずしも，そこでそれぞれの声や視点が交差する「対話（ダイアローグ）」や，それらによる多声的な響き合い（ポリフォニー）は生まれないと言います。そして，「対話」が成立するためには，他者の「他者性」が必要であることを指摘しています。こうした柄谷の考えをふまえたうえで，佐藤は，同じ考えや価値基準をもっている者同士の間で行われる対話は，「他者性」を意識せずにすむ，自己の延長上の人物（≒自己）との対話，すなわちモノローグ（一人語り）になってしまい，「安住の関係」ではあっても，「閉鎖的な対話」に終始してしまう危険性があることを指摘しています。そして，自らとは異なる見方や考え（=「他者性」）をもった他者との「対話」にこそ，自分たちが気づかぬうちにもってしまっている「共同体の内部閉鎖的な規範」や価値基準を壊していくきっかけが生まれる可能性があるというのです。もちろん，そうした「対話」が成立するためには，お互いの見ている世界を共感的に見ようとする関係が基盤となりますが，その共感的関係への信頼をベースとしたうえで，それぞれの視点や意見の「違い（差異）」を問題視するのではなく，その差異こそが，自分たちの既存の枠組みや見方を問い直すきっかけとなる大切な「資源」となることを理解し，それらを価値あるものとして味わっていこうとする姿勢が必要となるのだと思われます。

❷ 対話的関係にもとづく「保育共同体」の構築に向けて

このような考えに立つと，たとえば，ある園に新しく加入したメンバー（新任保育者もいれば，他園で保育経験のある人の場合もありますが）は，その園の保育理念や保育実践を学ぶ存在ではありますが，それと同時に，新鮮な視点や考えを提示してくれる貴重な存在でもあります。「対話」を深めていくうえでは，経験の有無にかかわらず，熟達者も新参者もそれぞれの視点が，園において，その保育の

▶4 このような関係が生まれる構造を山岸俊男は「安心」と「信頼」という概念を用いて説明しています。社会的に不安定な状態において，特定の相手との安定した関係を継続することで「安心」を得ようとする「安心」社会は，その社会のなかでは「安心」して生活できるが，より広い社会へは向かおうとしない閉ざされた関係となることを指摘しています（山岸俊男『信頼の構造——こころと社会の進化ゲーム』東京大学出版会，1998年）。

岩田は，この山岸の概念整理をもとに，「安心」志向の集団は，些細な共通点をベースとして，異質な他者を「排除」する傾向があるとし，多様な他者と確かな関係を築く「信頼」志向の集団との違いを明らかにしています（岩田恵子「幼稚園における仲間づくり——『安心』関係から『信頼』関係を築く道筋の探究」『保育学研究』49（2），2011年，pp. 41-51）。

▶5　柄谷行人『探求Ⅰ』講談社，1986年。

▶6　佐藤公治『対話の中の学びと成長』金子書房，1999年。

振り返りや問い直しを支える大切な「資源」となり得るものであり，共に子ども理解を深めていくためのかけがえのないパートナーの一人となります。

　保育所や幼稚園に就職しようとする学生が就職先を選ぶ際，園の保育理念や採用条件以外に，希望する園の条件として，「人間関係が良いこと」をあげることがありますが，その「人間関係の良さ」とは，もしかすると，上記で見てきたような，同質性をベースとした「仲の良さ」にもとづく関係性になってしまっている場合もあるかもしれません。もし，あなたが，就職してからも，自らの子どもを見るまなざしを深め，日々の保育を，子どもと共に主体的に創造していけるようになるために学び続けたいと思うのであれば，多様な見方や価値観が交差し合う「対話」的な関係が構築されている園を見極めていく必要があります。とはいえ，そのような対話的関係を目指しつつも，実際には，まだそうした関係づくりにまでは至っていないという園もあるでしょう。しかし，だからといって，残念がったり諦めたりするのではなく，これから，園内に多様な「対話」が生まれ広がっていくために，あなた自身も，その変化を生んでいく共同体の一員として，ぜひ，自分のできることを探してみてください。園内にどのような風土や職員関係を築いていくのかということは，一見すると，園長や主任などの管理職的な立場の方たちの仕事のように感じるかもしれません。もちろん，管理職的な立場の園長たちには，園内で学び合う機会や仕組みを考え，構築していく役割と責任がありますが，子どもの姿から，多様な意味を発見したり，保育についての振り返りを共有していくための工夫は，園長や主任にしかできないことではありません。どのような立場からでも，その園における実践や関係を生み出している当事者の一人として，「対話」を生み出すためにできることはあると思います。身近な人たちと共に，子どもの姿を共有し，「何が起こっているか」を探究していくための多様な工夫や取り組みのヒントは，本書のこれまでの章にもたくさんあったことと思います。それらを手がかりに，多様な他者との「対話」を，あなた自身が楽しみ，おもしろがり，そして時には悩みながら，子ども理解を基盤とした豊かな保育を協働的に創造する「保育共同体」を生成していってくださることを期待しています。

Book Guide

- 佐伯胖（編）『共感――育ち合う保育のなかで』ミネルヴァ書房，2007年。
  子どもや保育者，保護者など，それぞれの育ちを「共感」を軸に読み解いていくことを目指し，多様な事例をもとに，共感を通して生まれてくる発達のプロセスを描き出してくれている本です。特に，三谷大紀による第4章では，保育の場において保育者が子どもを見るまなざしを深めていくための育ち合いのプロセスが分析されており，保育者同士の関係のあり方について多くの示唆を与えてくれます。
- 佐藤公治『対話の中の学びと成長』金子書房，1999年。
  学びや育ちを生み出し，支える「対話」とは何か，その特徴や，そのプロセスのなかで起こっていることを，心理学をはじめとするさまざまな研究分野の知見をもとに，とても丁寧に論じている本です。対話を通して生まれる協働的な学びについて考えるためのたくさんの手がかりが詰まっています。

Exercise

1. 自分がクラス担任として多様な子どもと関わる際，周囲の同僚や上司とどのような関係を築き，どのように見ていてもらえると，子どものことに集中して，自分のやりたい保育ができるかを考え，グループで話し合ってみましょう。
2. それぞれが，これまで自分が子どもと関わった経験をもとにした「事例」をグループ内で発表し，子どもの行為の「意味（なぜ，そのような行動をとっていたのだろうか？）」や，その際の自分の関わりが子どもにとってどのような意味があったかを話し合ってみましょう。そして，その話し合いの後，そこで出された質問のなかから，活発な議論につながった質問とそうでなかった質問とを分類してみて，その違いについて考察してみましょう。

《執筆者紹介》（執筆順，担当章）

髙嶋景子（たかしま・けいこ）はじめに，第1章，第10章
　　編著者紹介参照。

久保健太（くぼ・けんた）第2章
　　現　在　大妻女子大学専任講師。
　　主　著　『育ちあいの場づくり論』（共著）ひとなる書房，2015年。
　　　　　　『保育のグランドデザインを描く』（編著）ミネルヴァ書房，2016年。

刑部育子（ぎょうぶ・いくこ）第3章
　　現　在　お茶の水女子大学教授。
　　主　著　『かかわることば』（共著）東京大学出版会，2017年。
　　　　　　『ビデオによるリフレクション入門』（共著）東京大学出版会，2018年。

砂上史子（すながみ・ふみこ）第4章，第5章
　　編著者紹介参照。

岸井慶子（きしい・けいこ）第6章
　　現　在　暁星国際流山幼稚園園長。
　　主　著　『見えてくる子どもの世界』（単著）ミネルヴァ書房，2013年。
　　　　　　『保育内容　人間関係』（編著）建帛社，2018年。

平野麻衣子（ひらの・まいこ）第7章
　　現　在　東京学芸大学准教授。
　　主　著　『テーマでみる保育実践の中にある保育者の専門性へのアプローチ』（共著）ミネルヴァ書房，2018年。
　　　　　　『生活習慣形成における幼児の社会情動的発達過程』（単著）風間書房，2018年。

今村久美子（いまむら・くみこ）第8章
　　現　在　文京区立明化幼稚園主任。
　　主　著　『保育内容の基礎と演習』（共著）わかば社，2015年。
　　　　　　『保育方法の基礎』（共著）わかば社，2015年。

實川慎子（じつかわ・のりこ）第9章
　　現　在　植草学園大学准教授。
　　主　著　『保育現場の人間関係対処法』（共著）中央法規出版，2017年。

《編著者紹介》

髙嶋景子（たかしま・けいこ）
　現　在　聖心女子大学教授。
　主　著　『共感』（共著）ミネルヴァ書房，2007年。
　　　　　『子どもを「人間としてみる」ということ』（共著）ミネルヴァ書房，2013年。

砂上史子（すながみ・ふみこ）
　現　在　千葉大学教授。
　主　著　『保育現場の人間関係対処法』（編著）中央法規出版，2017年。
　　　　　『「おんなじ」が生み出す子どもの世界──幼児の同型的行動の機能』（単著）東洋館出版社，2021年。

	新しい保育講座③
	子ども理解と援助

2019年4月20日　初版第1刷発行　　〈検印省略〉
2023年12月29日　初版第7刷発行
　　　　　　　　　　　　　　　定価はカバーに表示しています

編 著 者	髙　嶋　景　子
	砂　上　史　子
発 行 者	杉　田　啓　三
印 刷 者	藤　森　英　夫

発行所　株式会社　ミネルヴァ書房
607-8494　京都市山科区日ノ岡堤谷町1
電話代表　（075）581-5191
振替口座　01020-0-8076

Ⓒ 髙嶋・砂上ほか，2019　　　　　亜細亜印刷

ISBN978-4-623-08531-6
Printed in Japan

新しい保育講座

B5判／美装カバー

① 保育原理
渡邉英則・髙嶋景子・大豆生田啓友・三谷大紀 編著
本体2200円

② 保育者論
汐見稔幸・大豆生田啓友 編著
本体2200円

③ 子ども理解と援助
髙嶋景子・砂上史子 編著
本体2200円

④ 保育内容総論
渡邉英則・大豆生田啓友 編著
本体2200円

⑤ 保育・教育課程論
戸田雅美・渡邉英則・天野珠路 編著

⑥ 保育方法・指導法
大豆生田啓友・渡邉英則 編著
本体2200円

⑦ 保育内容「健康」
河邉貴子・鈴木康弘・渡邉英則 編著
本体2200円

⑧ 保育内容「人間関係」
渡邉英則・小林紀子・髙嶋景子 編著

⑨ 保育内容「環境」
久保健太・髙嶋景子・宮里暁美 編著
本体2200円

⑩ 保育内容「言葉」
戸田雅美・秋田喜代美・岩田恵子 編著

⑪ 保育内容「表現」
小林紀子・砂上史子・刑部育子 編著

⑫ 保育・教育実習
大豆生田啓友・三谷大紀・松山洋平 編著
本体2200円

⑬ 乳児保育
岩田恵子・須永美紀・大豆生田啓友 編著

⑭ 障害児保育
若月芳浩・宇田川久美子 編著
本体2200円

アクティベート保育学

A5判／美装カバー

① 保育原理
汐見稔幸・無藤 隆・大豆生田啓友 編著
本体2000円

② 保育者論
大豆生田啓友・秋田喜代美・汐見稔幸 編著
本体2000円

③ 子ども理解と援助
大豆生田啓友・久保山茂樹・渡邉英則 編著

④ 保育・教育課程論
神長美津子・戸田雅美・三谷大紀 編著

⑤ 保育方法・指導法
北野幸子・那須信樹・大豆生田啓友 編著

⑥ 保育内容総論
大豆生田啓友・北野幸子・砂上史子 編著

⑦ 保育内容「健康」
河邉貴子・中村和彦・三谷大紀 編著

⑧ 保育内容「人間関係」
大豆生田啓友・岩田恵子・久保健太 編著
本体2000円

⑨ 保育内容「環境」
秋田喜代美・佐々木正人・大豆生田啓友 編著

⑩ 保育内容「言葉」
汐見稔幸・松井智子・三谷大紀 編著

⑪ 保育内容「表現」
岡本拡子・花原幹夫・汐見稔幸 編著
本体2000円

⑫ 保育・教育実習
矢藤誠慈郎・髙嶋景子・久保健太 編著
本体2000円

⑬ 乳児保育
遠藤利彦・髙嶋景子・汐見稔幸 編著

⑭ 障害児保育
榊原洋一・市川奈緒子・渡邉英則 編著
本体2000円

ミネルヴァ書房

https://www.minervashobo.co.jp/